HEYNE
BÜCHER

François Boddaert · Pierre-Marc de Biasi
Caroline Eliacheff · Arnaud Laporte
Claude Mouchard · André Versaille

MADAME BOVARY

*Das Buch zu dem neuen Film
von Claude Chabrol
mit Isabelle Huppert*

DEUTSCHE ERSTAUSGABE

WILHELM HEYNE VERLAG
MÜNCHEN

HEYNE ALLGEMEINE REIHE
Nr. 01/8229

Titel der Originalausgabe
AUTOUR D'EMMA
Aus dem Französischen übersetzt von Ulrike Bossert

Printed in Germany 1991
Umschlagillustration: MK2 Production, Paris
Bildnachweis: s. Anhang
Umschlaggestaltung: Atelier Ingrid Schütz, München
Satz: Typoservice Urban, München
Herstellung: H + G Lidl, München
Druck: RMO, München

ISBN 3-453-04814-8

Isabelle Huppert (Emma Bovary), Jean-François Balmer (Charles Bovary)

Jean-François Balmer, Marie Mergey (Mutter Bovary)

Isabelle Huppert, Jean-François Balmer

Isabelle Huppert, Sabeline Campo (Félicité), Jean-François Balmer und Marie Mergey

Szenen von Emmas Hochzeit

Isabelle Huppert

Ballszene

Isabelle Huppert, Christophe Malavoy (Rodolphe Boulanger)

Inhalt

Claude Chabrol

I

Das Drehbuch

Flaubertsche Schauspieler

Emma, Isabelle

Flauberts Arbeitszimmer in Croisset.
Aquarell von Georges Rochegrosse, 1874

Gustave Flaubert

Das Drehbuch

Pierre-Marc de Biasi
im Gespräch mit Claude Chabrol

Der folgende Text ist die Aufzeichnung zweier langer Gespräche, die ich mit Claude Chabrol im Hotel Splendid Etoile hatte. Zu diesem Zeitpunkt wurde der Film gerade geschnitten. In meiner Fragestellung war ich keinen Auflagen unterworfen. Ich habe beschlossen, am Rhythmus und am Inhalt unserer Diskussion nichts zu ändern. Ich habe nur ein paar Zwischentitel eingefügt, die dem Leser als Anhaltspunkte dienen sollen.

PIERRE-MARC DE BIASI: Ich habe soeben alle Artikel überflogen, die sich mit den Dreharbeiten zu *Madame Bovary* befassen, und ich muß sagen, daß ich, als Fachmann des literarischen Werks, überrascht war, mit welcher Präzision es Ihnen gelingt, Flauberts Perspektive einzunehmen. Das war wohl Ihr Plan, denn Sie haben erklärt: »Hinter dieser Filmbearbeitung steht die Idee der absoluten Werktreue... Ich habe den – vielleicht ein bißchen verrückten – Ehrgeiz, diesen Film so zu machen, wie ihn Flaubert hätte machen können. Es geht also um *Madame Bovary*, um nichts mehr, nichts anderes und, wenn alles gut geht, nichts weniger.« Es gibt in diesen Interviews jedoch ein paar Punkte, wo Ihre Antworten mir nicht ganz überzeugend erschienen... Sie haben es akzeptiert, ein Spiel mit der Wahrheit zu spielen. Wir werden uns also die Zeit nehmen, den Dingen auf den Grund zu gehen...

CLAUDE CHABROL: Achten Sie nicht auf das, was Sie gelesen haben! Trauen Sie bloß keinem Interview! Manche Blätter schaffen es, einem genau das Gegenteil von dem in den Mund zu legen, was man denkt. Ich kann Ihnen übrigens eine tolle Geschichte über die »vorgefaßten Meinungen« von Journalisten erzählen. Die Geschichte hat nichts mit *Madame Bovary* zu tun, aber sie hat vielleicht viel mit Flaubert zu tun. Vor einigen Jahren war ich mit einer Schauspielerin verheiratet, und das war zu der Zeit, als die Journalisten Schauspielerinnen liebend gern die Frage stellten: »Würden Sie auch eine Nacktrolle akzeptieren?« Die Antwort der Schauspielerinnen lautete natürlich immer: »Ja, wenn das Drehbuch es verlangt.« Das wurde schließlich zu einem äußerst langweiligen Ritual. Also sagte ich zu meiner Frau, sie solle auf diese Frage antworten: »Ja, ich würde sie akzeptieren, vorausgesetzt, daß sie völlig unmotiviert wäre und das Drehbuch sie nicht rechtfertigen würde.« Und genau so hat sie kurze Zeit danach einem sehr originellen Journalisten geantwortet, der sie fragte: »... und würden Sie eine Rolle akzeptieren, bei der Sie nur sehr wenig anhätten?« »Aber selbstverständlich! Auch, wenn ich ganz nackt wäre, aber nur, wenn das im Drehbuch nicht vorgesehen wäre und wenn es auch keinerlei Grund für mich gäbe, mich auszuziehen ...« Als der Artikel erscheint, was steht da zu lesen? »Ja, aber nur, wenn das Drehbuch es verlangt.« Als der Journalist seine Notizen durchlas, hat er wahrscheinlich geglaubt, das sei ein Lapsus, er habe sich wohl geirrt, und im besten Glauben hat er seelenruhig seine vorgefaßte Meinung geschrieben ...

PIERRE-MARC DE BIASI: Ein Punkt für Sie! Man könnte wirklich meinen, Flaubert sprechen zu hören: er konnte Journalisten nicht ausstehen! ... Ich werde es mir hinter die Ohren schreiben. Aber keine Angst, ich packe meine vorgefaßten Meinungen sofort wieder ein und höre Ihnen ganz neutral zu, wie ein Tonbandgerät. Ich werde an Ihren Worten nichts ändern, aber natürlich kann alles, was Sie sagen, auch gegen Sie verwendet werden! ... Beginnen wir ganz am Anfang. Es ist oft gesagt worden – aber vielleicht ist auch das wieder eine vorgefaßte Meinung –, daß Ihnen die Idee, *Madame Bovary* zu drehen, nicht erst kürzlich gekommen sei, sondern daß Sie lange darüber nachgedacht und schon früher einmal geplant hätten, diesen Film zu machen. Wenn das stimmt, was hat Sie dann daran gehindert, es zu tun? Und, ob es nun stimmt oder nicht, was hat Ihnen jetzt erlaubt, zur Tat zu schreiten?

CLAUDE CHABROL: Daß ich schon seit sehr langer Zeit den Wunsch gehabt habe, *Madame Bovary* zu drehen, ist richtig und falsch zugleich. Ich bin schon seit sehr langer Zeit von diesem Roman besessen; aber seit ich Filme mache, war ich überzeugt, daß das grundsätzlich unmöglich sei, daß ich dazu niemals die Dreistigkeit besitzen würde! Der Auslöser war zunächst und vor allem die Ausstrahlungskraft von Isabelle. Meine Arbeit mit ihr in meinen vorangegangenen Filmen, in *Violette Nozière* und vor allem in *Eine Frauensache,* ging in diese Richtung und hat mich nach und nach davon überzeugt, daß sie die ideale Verkörperung der Emma sei. Während die anderen Schauspielerinnen, an die ich gedacht hatte und die ich sehr bewundere, mich nicht überzeugen konnten ... Ich glaube, sie hatten keine Vorstellung von der Figur, keine konkrete Vorstellung, wie das bei Isabelle Huppert der Fall ist. Sie hatten zwar eine Sichtweise, doch jede hatte ihre eigene Lesart. Aber ich brauchte etwas Tiefergehendes: die Gewißheit, daß die Figur lebendig sein würde, durch und durch lebendig. Bei ihr gibt es keine Lesart, keine »Interpretation« der Figur der Emma. Sie hat ein Gespür für den Text ... Sagen wir mal so, sie vermittelte mir den Eindruck, Emma zu sein, die Rolle so zu spielen wie sie ist. Und das gab dann für mich den Ausschlag. Ohne diese Gewißheit hätte ich mich nie an dieses Abenteuer herangewagt!

PIERRE-MARC DE BIASI: Ja, das war sicher ausschlaggebend ... und doch befriedigt mich Ihre Antwort nicht völlig: Sie hätten schon vor ein paar Jahren an Isabelle in der Rolle der Emma denken können. Was hat Sie dazu veranlaßt, jetzt plötzlich diesen alten Traum zu verwirklichen?

CLAUDE CHABROL: Ich bin ins kalte Wasser gesprungen! Ursprünglich gab es einen ganz dummen Grund für diese Idee: ich feiere meinen sechzigsten Geburtstag. Ich habe mir gesagt:

von jetzt an werde ich abbauen, mit ein bißchen Anstrengung zwar nicht gerade von heute auf morgen, aber besser wird es bestimmt auch nicht! ... Andererseits braucht man eine gewisse physische Kraft, um einen Film dieser Größenordnung zu drehen! Ich sagte mir, wenn ich je *Madame Bovary* machen soll, dann ist jetzt die Zeit dafür gekommen! Die Ausrede, daß mir für die Hauptrolle die Schauspielerin fehle, gab es nicht mehr. Ich hatte Isabelle, und sie ist genau das, was ich mir immer erhofft hatte! Folglich blieb mir als einzige Ausrede: Ich bin nicht in der Lage, diesen Film zu machen! Das war ein ernstzunehmender Einwand... Und nach weiterer Überlegung habe ich mir gesagt: Ich bin vielleicht gar nicht in der Lage, diesen Film zu machen, aber wenn ich es nicht versuche, werde ich mir für den Rest meines Lebens deswegen böse sein, mich ein Nichts, einen Feigling, einen Dummkopf und Idioten schimpfen. Also bin ich hineingesprungen, wie man ins Schwimmbecken springt, um das kalte Wasser nicht zu spüren! Mit dem Kopf voran!

PIERRE-MARC DE BIASI: Erzählen Sie mir in ein paar Worten von dem Augenblick, in dem Sie diesen Entschluß gefaßt haben...

CLAUDE CHABROL: Nun, ich habe Isabelle angerufen und zu ihr gesagt: »Es ist soweit! Wir drehen *Madame Bovary*!« Und sie hat sofort geantwortet: »Ah! Das ist ja wunderbar!« Danach habe ich auch gleich Marin (Karmitz) angerufen und zu ihm gesagt: »Marin, wir drehen *Madame Bovary*!« Diesmal hatte ich eine andere Reaktion erwartet, etwa sowas wie: »Du bist total übergeschnappt, kommt überhaupt nicht in Frage etc.« Aber keineswegs, er sagte sofort: »Ah ja! Großartige Idee! Ja, ja! Das ist toll! Los, fang an!« Ich konnte mich gar nicht fassen... Sogleich hab ich ihm alle damit verbundenen Schwierigkeiten aufgezählt, und ich hab zu ihm gesagt: »Ja, aber paß mal auf! Ich will nicht im Studio drehen! Ich muß ein Kaff finden, das man verändern kann usw. usw.« Antwort: »Aber ja, natürlich! Das ist eine großartige Idee!«

PIERRE-MARC DE BIASI: Die Würfel waren gefallen, Sie konnten nicht mehr zurück!

Isabelle Huppert

Marin Karmitz, Claude Chabrol

CLAUDE CHABROL: Genau! Ich saß in der Falle! Es war sehr viel schneller gegangen als erwartet! Von jetzt an lag alles nur noch an mir. Ich habe ein sehr schönes Porträt von Flaubert gefunden. Ich habe es auf meinem Schreibtisch vor mich hingestellt, ich habe eine Ausgabe des Romans genommen und mich in die Arbeit vertieft...

Die Entstehung des Drehbuchs

PIERRE-MARC DE BIASI: Welche Ausgabe haben Sie für die Arbeit gewählt?

CLAUDE CHABROL: Ich habe die Garnier-Flammarion-Ausgabe genommen. Sie ist sehr praktisch, die Anmerkungen sind nicht schlecht, das ist wirklich gut gemacht!

PIERRE-MARC DE BIASI: Ja, das ist eine gute Ausgabe: sie ist von Claudine Gothot-Mersch herausgegeben worden, einer der besten Kennerinnen des Textes. Da wäre auch noch die schöne Ausgabe der Sammlung »Texte et Contexte«[1]), mit einer Menge Dokumente. Eine wahre Fundgrube!

CLAUDE CHABROL: Ja, ja, ich kenne sie; ich glaube, wir haben sie auch benutzt.

PIERRE-MARC DE BIASI: Und womit haben Sie begonnen?

CLAUDE CHABROL: Sehr merkwürdig war für mich die Tatsache, daß ich keinen Augenblick Leerlauf hatte. Ich habe sofort mit der Arbeit angefangen. Ich habe gleich mit dem Schreiben begonnen, habe natürlich Fehler gemacht, aber ich hatte keine Angst. Ich habe mit Charles angefangen, wie er den Klassenraum betritt. Einfach so, um reinzukommen. Und dann habe ich mir ziemlich bald überlegt, daß das Buch in meiner Ausgabe gut und gern 350 Seiten hat. Wenn ich von Anfang an alles für meine Arbeit übernähme, ergäbe das einen Film von ungefähr sechs Stunden: Das war unmöglich... Also habe ich von

---

[1]) *Madame Bovary* von Gustave Flaubert, Gérard Gengembre, Coll. »Texte et Contexte«, Magnard, Paris, 1988.

vorn angefangen, wobei ich das Buch anders anging, nämlich über den Aufbau: die drei Teile, die Kapitel, die Struktur. Ich habe ausgerechnet, wieviel Zeit jedes Element beanspruchen würde, die Stellen, die man rausnehmen müßte, etc. etc. So habe ich die wesentliche Auswahl getroffen, um zu wissen, welchen Kern des Textes ich beibehalten würde. Ich habe also bestimmt, was ich weglassen würde, mit großem Bedauern zwar, aber ohne allzu viele Schwierigkeiten, denn das war bereits ziemlich klar. Danach habe ich verschiedene Adaptionshypothesen ausprobiert, die ich in ersten Entwürfen ausgearbeitet habe, bis ich zu einem plausiblen Ergebnis kam. Kurz, ein Rhythmus, der von Flauberts Gewohnheiten nicht allzu weit entfernt war... Ich füllte eine Seite nach der anderen... Aber da gibt es ein dramatisches Moment in meiner Arbeitsmethode: ich ertrage nämlich keine Streichungen. Eine Seite mit Streichungen tut mir weh. Ich schreibe immer mit der Hand. Ich tippe auch in die Maschine, aber ich mag keine Schreibmaschinen. Ich muß einfach mit der Hand schreiben! Außerdem habe ich so meine Eigenheiten: ich muß unbedingt meine großformatigen Clairefontaine-Hefte haben... Aber am schlimmsten ist es mit den Streichungen! Da ich es nicht ertragen kann, eine Streichung zu sehen, muß ich ständig neu schreiben. Ich fange immer wieder Seiten neu an... Es ist die Hölle!

PIERRE-MARC DE BIASI: Flaubert konnte Streichungen sehen, zumindest hoffe ich das für ihn, denn die 15 000 Entwurfsseiten, die er uns hinterlassen hat, sind voll davon; aber das Resultat ist dasselbe wie bei Ihnen: Er fing seine Seiten immer wieder neu an, um durchzublicken! Dann müssen Sie ja ganze Stapel von großformatigen Clairefontaine-Heften zu Hause haben?

CLAUDE CHABROL: Natürlich! Aber Sie werden staunen, wenn Sie meine Hefte sehen, da ist kein einziges Wort durchgestrichen! Dafür gibt es sehr deutliche Unregelmäßigkeiten im Schriftbild. Da ich über eine ziemlich lange Zeit hinweg mit der Hand schreibe, verkrampfe ich mich schließlich, und dann wird meine Schrift manchmal wirklich schrecklich.

PIERRE-MARC DE BIASI: Und wie lange hat die Abfassung des Drehbuchs insgesamt gedauert?

CLAUDE CHABROL: Fünf Monate!

PIERRE-MARC DE BIASI: Wo haben Sie geschrieben?

CLAUDE CHABROL: Mal in Paris, mal in Anjou... Aber in Anjou habe ich mich sehr viel wohler gefühlt! Es lief wirklich viel besser, wenn ich in Anjou meine Ruhe hatte...

PIERRE-MARC DE BIASI: Wir werden noch viel über Ihr Drehbuch sprechen, über Ihre Vorgehensweise, aber ich wüßte gern etwas von Ihnen über die endgültige Wahl der Schauspieler. Wann haben Sie sie getroffen? Bei Isabelle Huppert war die Sache klar, da sie ja eine der Vorbedingungen für das Projekt war, aber die anderen?

CLAUDE CHABROL: Bei Isabelle, und sagen wir auch bei Jean-François Balmer, ging alles sehr schnell. Bei Malavoy, der für mich von Anfang an für die Figur des Rodolphe feststand, war es schon schwieriger, weil ich glaubte, ich könne ihn nicht bekommen. Eigentlich hätte er einen anderen Film drehen sollen. Ich hatte nicht einmal gewagt, mit ihm darüber zu sprechen! Zum Glück habe ich ihn dann im allerletzten Augenblick doch bekommen! Er war für diese Rolle unverzichtbar, weil er eine sehr seltene Gabe besitzt: Wenn er will, kann er jede Frau davon überzeugen, daß sie sich ihm hingeben muß. Er ist wirklich sehr, sehr stark! Ein echter Verführer, genau das, was ich brauchte. Er war ganz großartig, und ich gestehe, daß in dem Wald, wo wir gedreht haben, keine Frau war, die bei seinem Anblick nicht schwach wurde. Alle Zuschauerinnen werden Emma sofort verstehen, selbst die, die es nicht zugeben wollen. Und das ist wichtig: Emma schmilzt buchstäblich dahin. Ich brauchte jemanden, der unbestritten stark genug war, um sie zum Dahinschmelzen zu bringen.

Rechts: *Claude Chabrols Drehbuch*

Madame Bovary.

1 - Route de campagne - Extérieur. Aube

C'est une route entre bourgade et village, dans la campagne normande. L'aube chasse à peine la nuit, et sur la route, la loupiote de la carriole est encore allumée. Charles Bovary, encore endormi par la chaleur du sommeil, se laisse bercer au trot pacifique de sa bête. Il aperçoit, au bord d'un fossé, un jeune garçon assis sur l'herbe. Charles s'arrête.

Jeune garçon : Vous êtes le médecin !

Charles : Oui. Monte !

2 - Carriole - Intérieur / Extérieur. Aube

L'enfant, assis à côté de Charles, n'est pas avare de renseignements.

Jeune garçon : C'est un des plus riches d'ici, Mr Rouault. Il s'est cassé la jambe en revenant de faire les rois.

Il tend largement le bras vers la droite.

... C'est par là.

Ils s'engagent dans un chemin aux ornières plus profondes.

... Sa femme est morte depuis deux ans. Il n'a que sa demoiselle pour l'aider à tenir sa maison. Attendez !

L'enfant descend et va ouvrir une barrière.

coupe sur

3 - Cour de la ferme - Extérieur. Aube

C'est une ferme de bonne apparence. Deux ou trois chiens aboient en tirant sur leur chaîne. Dans les écuries, aux portes ouvertes, de gros chevaux de labour mangent tranquillement dans des râteliers neufs. Un large fumier s'étale le long des bâtiments. Et au milieu des poules et des dindons, picorent deux ou trois paons. Sous le hangar, deux grandes charrettes et quatre charrues étalent leurs équipages complets, aux toisons de laine bleue.

PIERRE-MARC DE BIASI: Manche Passagen im Drehbuch weisen eine extreme Treue zu Flauberts Text auf, zum Erzählzusammenhang, dem Inhalt der Dialoge, den narrativen Aussagen, die genau in Ihr Drehbuch übernommen wurden. Aber Sie haben doch auswählen müssen, kürzen und wieder kürzen. Wie sind Sie vorgegangen, speziell, was die Weglassungen betrifft?

CLAUDE CHABROL: Von Anfang an, von den ersten Tagen an, habe ich entschieden, was ich radikal streichen wollte: was ich aus meinem Kopf eliminieren mußte, bevor ich endgültig mit dem Schreiben anfing. Dazu bin ich von dem Prinzip ausgegangen, daß *Madame Bovary* vor allem die Geschichte Emmas ist. Ich weiß wohl, daß dieses Prinzip viel diskutiert und in Frage gestellt worden ist, aber ich bin von solchen Lesarten nie überzeugt gewesen; kurz gesagt, diese Lesarten finde ich zwar interessant, aber falsch.

PIERRE-MARC DE BIASI: Obwohl der Roman mit der Kindheit und dem Leben von Charles beginnt und auch mit Charles' Tod endet?

CLAUDE CHABROL: Ja, ich habe sehr rigorose Streichungen vornehmen müssen. Ich habe beschlossen, Charles' Kindheit – seine Jugend und seine Schulzeit – ganz wegzulassen und auch nichts über seine erste Ehe zu sagen. Was meiner Meinung nach schlimmer ist, ich habe auch beschlossen – und zwar diesmal aus rein dramaturgischen Gründen –, alles wegzulassen, was nach Emmas Tod kommt: Im Drehbuch wird von Emmas Tod sofort zur letzten Seite des Romans übergegangen. Eine wichtige Streichung, weil ich damit weglasse, wie Charles Rodolphes Briefe liest, außerdem die Begegnung mit Rodolphe und Charles' Tod im Garten... Diese Verkürzung ist brutal, aber ich war dazu gezwungen. Die Agonie mündet übergangslos in das wunderbare Ende des Textes, das auch das Ende des Films darstellt. Wie Sie sehen, habe ich einen radikalen Schnitt vorgenommen. Ich habe so getan, als hätte Flaubert diese Passagen nie geschrieben, als ob sie nicht existierten! Bis auf ein paar Details, die, obwohl sie zu den weggelassenen Abschnitten gehören, mir für den sinnvollen Aufbau bei der Erzählung unumgänglich erschienen. Dazu gehören auch einige Elemente, von denen ich meinte, sie aufgrund ihres Erinnerungseffekts – etwa das berühmte »Charbovari« am Anfang der Erzählung – einfach »nicht unterdrücken« zu können. Das, zum Beispiel, mußte ich wirklich irgendwie unterbringen. Ich habe es in den ersten Dialog mit Emma eingebracht. Sie fragt ihn: »Ich wüßte gern Ihren Namen, Doktor?« und er erwidert, in seinen Bart murmelnd: »Charbovari.« Hier habe ich ein »Pardon?« von Emma eingefügt, weil sie nicht verstanden hatte und er antwortet darauf: »Charles Bovary, Mademoiselle.« Ich finde, daß das sehr gut funktioniert. Und was das andere berühmte Detail, jenes »Das Schicksal ist schuld!« betrifft, so bin ich sehr zufrieden mit meiner List, es kurz vor dem Schluß ins Drehbuch einzufügen. Ich habe den Satz durch eine kleine Regieanweisung zur Bewegung der Figuren gleich nach Emmas Tod untergebracht. Völlig gebrochen verläßt Charles das Zimmer, in dem seine Frau soeben gestorben ist; er geht die Treppe hinunter, und drei Personen – Homais, Canivet und der Pfarrer Bournisien – stehen noch oben auf dem Treppenabsatz und sehen ihm nach; er geht einige Stufen hinunter, dreht sich zu ihnen um und sagt: „Das Schicksal ist schuld." Danach ist alles gesagt, die Geschichte ist zu Ende.

Eine Kindheitslektüre

PIERRE-MARC DE BIASI: Ich wüßte gern von Ihnen, wann Sie zum erstenmal *Madame Bovary* gelesen haben, in welchem Augenblick Ihres Lebens: als Kind, als Heranwachsender oder ein bißchen später?

CLAUDE CHABROL: Das ist eine merkwürdige Sache. Ich hatte es völlig vergessen, und als man mich danach fragte, sagte ich so aufs Geratewohl, ich sei wahrscheinlich so 15 oder 16 Jahre alt gewesen. Und dann, kürzlich, bei den Dreharbeiten, ist es mir wieder eingefallen! In Wirklichkeit war es nämlich sehr viel früher. Ich habe *Madame Bovary* zum erstenmal mit 13 oder 13einhalb gelesen! Und jetzt werde ich Ihnen ein schlimmes

Geständnis machen: es war genau zu dem Zeitpunkt, als ich entjungfert wurde...

PIERRE-MARC DE BIASI: Und haben Sie den Roman vorher oder nachher gelesen?

CLAUDE CHABROL: Nein, ich hatte kurz vorher angefangen, das Buch zu lesen, ich hatte mich gerade eingelesen, als es passierte. Vielleicht hatte das eine auch etwas mit dem anderen zu tun... Es war während des Krieges. Ich war noch ein Kind, und durch Zufall war mir das Buch in der Bibliothek des Hauses, in dem ich wohnte, in die Hände gefallen. Ich lebte in der Creuse. Es war eine wunderbare Landschaft. Seit einiger Zeit war ich sehr in ein Mädchen verliebt, das ein kleines bißchen älter war als ich. Ein Mädchen vom Land. Sie war süß. Am Tag vor meiner Entjungferung hatte ich angefangen, *Madame Bovary* zu lesen. Das Buch hat großen Eindruck auf mich gemacht, ich war ganz fasziniert davon. Ich verstand nicht alles, aber ich stand ganz in seinem Bann. Und dann, am nächsten Tag, traf ich mich mit meiner kleinen Freundin. Wir wollten im Wald spazieren gehen. Wir trugen Holzpantinen. Wir sind spazieren gegangen, haben uns viel geküßt, und es ist passiert, was passieren mußte: Sie hat nicht gezögert, diesen Schritt zu tun,... und ich war im siebten Himmel. Das hat einen Großteil des Nachmittags über gedauert, und als ich sie heimbegleiten wollte, wurde es bereits dunkel. Wir hielten uns an der Hand, ich küßte sie immer wieder, aber zugleich hatte ich es eilig, nach Hause zu kommen und mein Buch weiterzulesen! ... Also habe ich sie ein bißchen schneller heimgebracht als nötig, und sobald ich allein war, lief ich wie ein Verrückter nach Hause. Ich mußte wieder durch den Wald zurück, es war dunkel, und ich rannte so schnell, daß ich einen meiner Holzschuhe verlor... Man konnte gar nichts mehr sehen, ich habe ihn nicht wiedergefunden und bin schließlich mit einem Holzschuh nach Hause gehumpelt. Tatsächlich hatte ich nur den einen Gedanken im Kopf, so schnell wie möglich zu meinem Buch zurückzukommen...

PIERRE-MARC DE BIASI: Was für eine schöne Geschichte!

CLAUDE CHABROL: Natürlich habe ich den Text in den folgenden Jahren oft wieder gelesen. Übrigens auch während des Studiums, denn der Roman stand auf dem Lehrplan für moderne Literatur. »Die Romantechnik bei Flaubert«, Sie verstehen... Und dann war ich irgendwie von diesem faszinierenden Text besessen, vielleicht auch ein bißchen wegen dieser allerersten Lektüre...

Kritiken und Nachdichtungen

PIERRE-MARC DE BIASI: Hat diese Obsession Sie auch dazu angeregt, kritische Texte über Flaubert zu lesen? Haben Sie sich für das Drehbuch und die Dreharbeiten auch Ideen aus literatur-kritischen Werken geholt?

CLAUDE CHABROL: Ja, natürlich habe ich kritische Texte gelesen, ich habe sogar kritischen Schwachsinn gelesen, zum Beispiel Sartre, der wirklich eine schwachsinnige Interpretation geliefert hat! Dieser Typ ist genial, er hat im Lauf seines Lebens, in dem er zu beinahe allem Stellung genommen hat, fast nichts Dummes gesagt, aber kaum fängt er an, über Flaubert zu schreiben, schon wird er zu Homais! Wirklich merkwürdig! Zum Beispiel ist alles, was er über die Hysterie sagt, unheimlich idiotisch, entsetzlich dumm... Sicher hat Flaubert nicht allzuviel damit zu tun, das ist eine Sache zwischen Sartre und Sartre. Aber er geht da wirklich zu weit! Es gibt da zum Beispiel ein Interview, in *Les Temps modernes*, glaube ich, in dem Sartre plötzlich sein ganzes philosophisches System verleugnet, indem er sagt, daß er eigentlich Flaubert als Mensch nicht mag, ja, daß er ihn geradezu haßt; als ob er ihn persönlich gekannt hätte, als ob er ihm begegnet wäre! Das ist doch wirklich verrückt!

PIERRE-MARC DE BIASI: Welche anderen kritischen Schriften außer Sartre haben Sie über *Madame Bovary* gelesen?

CLAUDE CHABROL: Ja, kürzlich hab ich was ungeheur Interessantes über »Das Kalte und das Warme« in *Madame Bovary* gelesen. Das ist ein Artikel von Starobinski[1]), den mir Caroline, die Frau von Karmitz, gegeben hat. Ich hatte das Buch bei den Dreharbeiten dabei und las es diagonal ... Es ist komisch, aber ich habe seine Grundideen verfolgt, ohne eigentlich zu glauben, daß das von großer Wichtigkeit sei. Um die Wahrheit zu sagen, ich glaube, daß dieser Aspekt zu einfach ist: subtil und gleichzeitig zu einfach ... Diesen Eindruck hatte ich oft bei der Literaturkritik. Studien über *Madame Bovary* und über Flaubert habe ich zentnerweise gelesen! Interessanter waren für mich die Texte von Schriftstellern, zum Beispiel, was Nabokov in *Litteratures 1* über die Stereotypen und die Ironie sagt, die, wie er richtig bemerkt, »dem Pathetischen nichts nimmt« ... Es gibt auch ein paar schöne Seiten von Larry Riggs, der sich 1980 mit dem Bankrott der vorgefaßten Meinungen in *Madame Bovary* auseinandergesetzt hat... ...Ich habe vor allem Flauberts eigene Texte herangezogen: die erste *Education sentimentale*, die von 1845, und natürlich die Briefe von Gustave an Louise Colet, die während der Entstehung des Romans geschrieben wurden. Die sind unersetzlich! Es gibt auch die Briefe an George Sand, die nicht aus derselben Zeit stammen, aber die sehr nützlich sind, um zu begreifen, was Flaubert will, welchen schriftstellerischen Standpunkt er einnimmt. Eigentlich habe ich alles Mögliche gelesen! Ich habe sogar kleine, amüsante Extrapolationen gelesen, zum Beispiel eine kurze, sehr komische Novelle von zwei ehemaligen Schülern der Ecole normale supérieure, glaube ich, auf jeden Fall zwei sehr einfallsreichen Autoren: Sie stellen sich eine Art Sherlock Holmes vor, der Untersuchungen über Emmas verdächtigen Tod anstellt. Er entdeckt natürlich, daß es sich um einen als Selbstmord getarnten Mord handelt. Charles hat Emma das Gift gegeben, um sich für ihre Untreue zu rächen ...

PIERRE-MARC DE BIASI: Haben Sie auch die kleine Nachdichtung von Gérard Genette gelesen: eine Art Jules Lemaître, der Flaubert imitiert? Der Titel ist »Le Secret de Charles Bovary«. Unter

[1]) »L'échelle des températures«, JEAN STAROBINSKI, *Travail de Flaubert*, Seuil, Paris, 1983.

Porträt von Louise Colet und ihrer Tochter. Adèle Grasset (1842)

dem Deckmantel seines stupiden Gehabes betrügt Charles jeden Morgen, bevor er sich auf den Weg zu seiner ärztlichen Rundfahrt begibt, seine Frau mit der dicken, ein bißchen nymphomanen Bäuerin vom Bauernhof in Geffosses... In Wirklichkeit hat Charles Emma dazu gebracht, wieder Klavier zu spielen, wohl wissend, daß er sie damit in heimliche Liebschaften trieb: ein bißchen, weil dieser Gedanke seine eigene

Lust während der Liebesstunden mit der Nymphomanin von Geffosses steigerte, und vor allem, um jeden Morgen in aller Ruhe frei zu sein, seinen eigenen erotischen Abenteuern nachzugehen ... Da gibt es auch den Text von Woody Allen mit dem Titel »Madame Bovary ist die andere«. Kennen Sie ihn? Emma wird die Geliebte eines amerikanischen jüdischen Intellektuellen! Eine kleine Geschichte, die in New York spielt. Sie beginnt auf der Couch eines Psychoanalytikers und ist zum Totlachen.

CLAUDE CHABROL: Ich habe etwas sehr Komisches in dieser Art gelesen, eine sehr hübsche Novelle von Roger Grenier. Es handelt sich um die Geschichte eines Mädchens, das leben möchte wie Emma Bovary... Eine sehr subtile Geschichte. Sie ist zugleich Emma, Delphine Delamare (die »richtige« Emma, die aus dem *fait divers*, das den Anstoß zu dem Roman gegeben haben soll) und sie selbst. Der Unterschied zwischen ihr und den beiden anderen macht die Kluft zwischen Emma und Delphine deutlich. Wirklich interessant.

PIERRE-MARC DE BIASI: Um auf die Frage nach Ihrem Verhältnis zur Kritik zurückzukommen. Mir scheint, Sie haben sich informiert, indem Sie einfach so ein paar Texte zum Vergnügen gelesen haben, aber ohne sich allzuviel davon zu versprechen, vielleicht sogar mit einem gewissen Mißtrauen ...

CLAUDE CHABROL: Die Wahrheit ist, daß ich versucht habe, Erklärungen, Interpretationen des Textes zu vermeiden. Weil ich so nah wie möglich an Flauberts Text bleiben wollte, dem, was der Text wirklich enthält, nichts hinzufügen und vor allem die Bedeutung des Romans durch keinerlei Interpretationen ersetzen wollte, die gezwungenermaßen nur partiell und voreingenommen sein konnten. Ich habe mich dazu entschlossen, die Gegebenheiten so weit wie möglich zu respektieren.

PIERRE-MARC DE BIASI: Kurz, keine globalen Interpretationen und nichts, was auf eine Schlußfolgerung über den Sinn der Erzählung hinauslaufen könnte?

CLAUDE CHABROL: Oh, das ganz bestimmt nicht! Wenn jemand meint, er könne eine Quintessenz erarbeiten, indem er versucht, so zu inszenieren, als könne man bei Flaubert tatsächlich zu einer abschließenden Meinung kommen, dann kann daraus nichts werden!

PIERRE-MARC DE BIASI: Und Sie meinen, daß Sie zum Beispiel mit Ihrem System von Streichungen, das Sie in Ihrem Drehbuch anwenden mußten, keine Interpretation der Geschichte vorgenommen haben, daß Sie damit nicht versteckt zu einem abschließenden Urteil gekommen sind?

CLAUDE CHABROL: Nein, wirklich, das glaube ich nicht. Wenn ich diesen Eindruck gehabt hätte, hätte ich den Film so nie gedreht! Ich hätte mir das Drehbuch noch einmal vorgenommen, hätte es noch einmal von Anfang an neu geschrieben. Ich war gezwungen, mein Buch zu straffen, aber das berührt nicht den Sinn. Mein größter Verrat besteht in...

PIERRE-MARC DE BIASI: ...der Streichung des Anfangs der Geschichte?

CLAUDE CHABROL: Ja... Aber nein, vor allem darin – und man wird mir das heftig vorwerfen –, daß ich weggelassen habe, wie Charles Rodolphes Briefe liest, nachdem Emma gestorben ist. Aber da ist nichts zu machen, ich sehe die Sache eben so! Als ich übrigens meinen Entschluß, *Madame Bovary* zu verfilmen, bekanntgegeben habe, bekam ich eine Unmenge Drehbuchvorschläge und Massen von Filmadaptionen. Natürlich habe ich keine einzige gelesen, bevor ich nicht meine eigene geschrieben hatte. Ich wollte keine Filme, keine Ideen, die sich nicht aus dem Roman selbst herleiten. Aber als ich diese Adaptionen dann gelesen habe, habe ich überraschende Sachen entdeckt: da war zum Beispiel ein Drehbuchautor, der mir erklärte, man müsse mit Charles beginnen, wie er Emmas Liebesbriefe liest... Stellen Sie sich das einmal vor! Das ist genau das, was ich vermeiden wollte. Nämlich, daß sich der Zuschauer mit der Figur des Charles identifiziert. Aber leider hat Flaubert nie gesagt: »Ich bin Charles Bovary!« Ich weiß, daß man viele Glossen geschrieben hat über sein »Ich bin Emma Bovary«, und daß noch nicht einmal sicher ist, ob er das wirklich gesagt hat, aber auch wenn er etwas Ähnliches gesagt hat, dann meinte er meiner Ansicht nach damit vor allem: »Charles bin ich jedenfalls nicht, identifiziert euch nicht mit Charles!« Denn, wissen Sie, die Männer neigen stark dazu, sich mit Charles zu identifizieren. Es fällt ihnen ungeheuer schwer, sich mit Emma zu identifizieren, und wir mußten uns wirklich Mühe geben, um ihnen dabei zu helfen!...

PIERRE-MARC DE BIASI: Das ist eine neue Interpretation des »Ich bin Madame Bovary«!

CLAUDE CHABROL: Abgesehen von der Tatsache, daß Flaubert sich, wie man weiß, tatsächlich mit Emma identifiziert hat, war er unheimlich stolz darauf, daß er fürchterlich kotzen mußte, als er Emmas Vergiftungstod schilderte! Er war sehr stolz darauf, aber eigentlich ist das nicht sehr schwer, auch ich hätte beinahe gekotzt, an der selben Stelle, als ich das Drehbuch schrieb.

PIERRE-MARC DE BIASI: Ach ja, tatsächlich?

CLAUDE CHABROL: Versuchen Sie's doch mal! Sie werden sehen, wenn man die Symptome, die Wirkung des Gifts auf den Körper, ganz genau beschreiben muß: diese dicke, zähe Flüssigkeit, die sich schwarz wie Tinte aus Emmas Mund ergießt. Und beim Kino muß man ständig an die visuelle Realität denken... Für die Dreharbeiten haben wir eine Mischung aus Joghurt und Kohle hergestellt, das sieht genauso aus wie dieser widerliche Arsensaft... Aber ich versichere Ihnen, mir hat's wirklich den Magen umgedreht.

PIERRE-MARC DE BIASI: Ja, Flaubert sagt es ganz deutlich: »Die Vergiftung der Bovary hat mich in meinen Nachttopf kotzen lassen.« Und ein bißchen später, in einem Brief an Hippolyte Taine, spricht er noch einmal davon: »Die Phantasiegestalten machen mich verrückt, sie verfolgen mich – oder vielmehr, ich stecke in ihrer Haut. Als ich Madame Bovarys Vergiftungs-

Isabelle Huppert

Flaubert seziert Emma Bovary. Karikatur von A. Lemot (La Parodie, 5.–12. September 1869)

tod schilderte, hatte ich einen so starken Arsengeschmack im Mund, daß ich mich zweimal nacheinander übergeben mußte – ich habe wirklich zweimal mein ganzes Abendessen ausgespien ...« Das war während der Arbeit an den Entwürfen, als er sich übergeben mußte ... Apropos Entwürfe, haben Sie sich für die Entstehungsgeschichte von *Madame Bovary* interessiert, für das, was in den Skizzen und verschiedenen Überarbeitungen steht?

CLAUDE CHABROL: Ja, ich habe mir die Entwürfe ziemlich genau angesehen, wenn ich bestimmte Dinge klären wollte. So habe ich zum Beispiel Flauberts erste Fassungen herangezogen, um Hippolytes Operation besser zu verstehen. Ich wollte diesen schrecklichen Moment in der Geschichte wirklich bis zum Ende durcharbeiten. Die Entwürfe haben mir dabei sehr geholfen: sie haben mich darin bestätigt, die Operation absolut gnadenlos in Szene zu setzen. In den ersten Versionen spritzt das Blut. Alles ist voll davon. Man sieht das Gangrän, den Eiter ... Der Rückgriff auf frühere Textfassungen dient dazu, daß man sich vorstellen kann, was der Text nicht sagt, was er nur andeutet oder der Vorstellungskraft des Lesers überläßt. Ich konnte mir die Szene nach dem Text natürlich vorstellen. Aber ich wollte wissen, was in Flauberts Kopf da vorgegangen ist.

Die Sexualität

CLAUDE CHABROL: Ich habe die »Szenarios« auch benutzt, um Emma von innen her besser zu verstehen. Was mich bei den allerersten Entwürfen am meisten überrascht hat, war die außerordentlich rohe Sprache Flauberts. Und das hat mir vor allem bei den sogenannten »Sex-Szenen« mit Emma sehr geholfen, die zweifellos mit am schwierigsten waren. Und vor allem, um für diese Schwierigkeiten eine Lösung zu finden, habe ich versucht, den Text so umzusetzen, wie Flaubert die Sache im Kopf gehabt haben muß. Die endgültige Sprache des Romans ist sehr diskret, aber die Entwürfe nennen die Dinge einfach beim Namen. Da ist die Rede davon, daß Emma und Léon sich Zungenküsse geben, vom »Vögeln« in der Kutsche usw. In diesem Sinn habe ich – mit Absicht – eine schlimme Ketzerei begangen: ich habe eine – wenn auch sehr kurze – Einstellung mit Emma und Léon, engumschlungen, in der Kutsche gemacht. Das war unerläßlich, weil man sich visuell nicht damit zufriedengeben kann, daß eine Kutsche einfach nur durch die Straßen fährt...

PIERRE-MARC DE BIASI: Aber das ist doch keine Ketzerei!

CLAUDE CHABROL: Doch, schon, weil er selbst es im Text nur von außen zeigt. Ich habe lange gezögert, aber...

PIERRE-MARC DE BIASI: Sie haben völlig recht gehabt und ich glaube, daß es sich hier keinesfalls um einen Verrat am Text handelt. Flaubert weiß ganz genau, daß es, literarisch gesehen, sehr viel besser ist, die »Vögelei« in der Kutsche der Phantasie des Lesers selbst zu überlassen. Was nichts daran ändert, daß die Voraussetzungen für diese Phantasie sehr geschickt im Text untergebracht sind. Im Film ist das Problem ein ganz anderes: der Rhythmus wird durch das Bild bestimmt, der Zuschauer kann den Film nicht anhalten, um Zeit für seine Phantasien zu haben. Und vor allem ist der Zuschauer bereits mittendrin in der Phantasie: er ist in das Bild eingetaucht. Also muß man in den Film die paar Bilder mit einbringen, die eine spontane Phantasie auslösen sollen.

CLAUDE CHABROL: Ja! Und ich habe versucht, es so zu zeigen, daß man es nicht wirklich sieht. Es ist präsent genug, um den Sinn deutlich zu machen und kurz genug, um fast unbemerkt vorüberzuziehen. Man erhascht nur einen kurzen Blick, es ist eine Suggestion, aber es war notwendig.

PIERRE-MARC DE BIASI: Und die Liebesszenen mit Rodolphe?

CLAUDE CHABROL: Mit Rodolphe war das eigentlich sehr viel einfacher, sehr viel leichter als mit Léon. Das heißt, die Beziehung zwischen Emma und Rodolphe ist auf natürliche Weise sinnlich und sexuell. Und der Schauspieler, der Rodolphe spielt, besitzt diese Art von Natürlichkeit. Ich habe Ihnen bereits gesagt, daß er eine körperliche Anziehungskraft auf Frauen besitzt, die genau auf die Figur zutrifft. Ich habe mit Hilfe der Figur des Rodolphe versucht, Emmas Vorliebe für das Romantische zu betonen. Er ist ein echter Verführer, und sie nimmt romantische Posen ein... Mit Léon ist es genau umgekehrt, und sofort wird alles viel schwieriger. Bei dem jungen Léon übernimmt sie das Ruder, Léon ist Emmas Mätresse, wenn Sie so wollen. Sie beherrscht ihn. Also habe ich dafür gesorgt, daß bei den Liebesszenen – die sehr keusch sind, ich sag's Ihnen gleich! Nein, nein, ich versichere Ihnen, das ist kein Euphemismus –, daß bei diesen keuschen Liebesszenen Emma körperlich immer die obere Position einnimmt, auf Léon. Es gibt da vor allem eine Passage, auf die ich sehr stolz bin, wo alle beide im Bild sind: Er liegt auf dem Bauch und sie, im Korsett, sitzt rittlings auf ihm und drückt ihm die Mitesser aus... Ja, ja, sie drückt ihm die Mitesser aus, raucht dabei ein Zigarillo, genau so... Ich gebe zu, daß mir das ganz gut gefällt!

PIERRE-MARC DE BIASI: Und wie sind Sie auf diese Idee gekommen? Während Sie das Drehbuch schrieben oder beim Drehen?

CLAUDE CHABROL: Ich bin eigentlich beim Drehbuchschreiben darauf gekommen, aber beim Drehen ist sie dann erst richtig ausgefeilt worden... Natürlich ist die Pose schon irgendwie obszön, und ich wollte nicht, daß Isabelle sich in irgendeiner Weise dabei unwohl fühlte, aber sie hat sich überhaupt nicht unwohl gefühlt, im Gegenteil, ich hatte den Eindruck, daß sie sich sogar sehr wohl dabei fühlte.

PIERRE-MARC DE BIASI: Und der Schauspieler, der Léon verkörpert, wie hat er seine Rolle interpretiert?

CLAUDE CHABROL: Großartig... Lucas Belvaux spielt den Léon: ein sehr sensibler und intelligenter Junge, der außerdem auch noch das hat, was man »ein schönes Gesicht« nennt. Er hat wirklich hervorragend gespielt. Léon zu interpretieren war sehr schwer, weil man versuchen mußte, etwas transparent

Isabelle Huppert

zu werden. Er hat eine sehr wirkungsvolle Technik angewandt: er blieb dicht am Text und stellte sich keine Fragen. Sobald ein Schauspieler anfängt, seine Rolle zu analysieren – und manchmal ist es unerläßlich, daß er das tut, aber hier wäre es fatal gewesen –, droht ihm eine Übersteigerung seines Egos. Lucas war intelligent genug, seine Rolle nicht zu analysieren.

PIERRE-MARC DE BIASI: Noch eine sehr allgemeine Frage zum Drehbuch: Haben Sie das Drehbuch erst ganz abgeschlossen, bevor Sie mit den Schauspielern gesprochen haben, oder haben Sie ein paar Probleme offengelassen, um sie dann mit Hilfe der Schauspielerpersönlichkeit zu lösen?

Flaubertsche Schauspieler

CLAUDE CHABROL: Nein, ich habe erst das Drehbuch ganz fertiggestellt, bevor ich mit den Schauspielern gesprochen habe, und zwar aus einem ganz einfachen Grund: Da ich den Dialog aus Flauberts Text übernehmen wollte, mußte ich mich nicht darum kümmern, ob ich für diesen oder jenen schrieb... Das war für mich ein absolutes Gebot, und außerdem habe ich Darsteller genommen, die sich Flaubert nahe fühlten. Darauf legte ich großen Wert. Und das hat auch meine Wahl bestimmt. So war zum Beispiel mein erster Gedanke, für die Rolle des Homais Michel Serrault zu nehmen. Ich legte sogar großen Wert darauf. Ich habe mich mit ihm getroffen, wir haben uns über den Roman unterhalten, und es hat sich herausgestellt, daß Michel – den ich sehr mag und der ein großer Schauspieler ist –, daß also Michel *Madame Bovary* nicht versteht. Er bleibt ganz außerhalb des Buches. Er sagte zu mir: »Es bringt mich zum Lachen.« Gut, okay, es gibt ein paar komische Momente in der Geschichte, aber eigentlich ist es keine komische Erzählung. Auch mich bringt sie manchmal zum Lachen, aber insgesamt muß ich kein bißchen darüber lachen. Kurz, er verstand den Roman nicht. Ich konnte ihn für die Rolle des Homais nicht nehmen. Und das liegt nicht daran, daß ich Serraults Stil nicht mag, im Gegenteil, ich bin überzeugt, daß er ein großartiger Darsteller ist, und in meinem nächsten Film, einem Simenon, wird er mitspielen. Darin wird er ganz einwandfrei sein... Aber für *Bovary* wollte ich nur Schauspieler, die eine intensive Beziehung zum Text haben. Ich wollte lieber jemanden finden, der den Roman ein bißchen mehr ernst nimmt, der ihn auch in seiner pathetischen Dimension versteht.

PIERRE-MARC DE BIASI: Und das war also Jean Yanne?

CLAUDE CHABROL: Ja! Jean Yanne! Zunächst wußte ich, daß er Flaubert verehrt... Das Problem bei ihm war, ähnlich wie bei Malavoy, nicht sein Interesse an der Rolle, da hatte ich keine Zweifel, sondern daß er nicht leicht zu kriegen war. Er ist extra für die Dreharbeiten aus Kalifornien gekommen. Aber er war großartig! Ich hatte mich nicht in ihm getäuscht: Während der Dreharbeiten ist er wirklich zu Homais geworden. Nicht nur vor der Kamera, sondern dauernd! Er verbrachte seine Zeit damit, sehr ausgefallene Theorien zu verbreiten, über alles, über die japanische Mode in den Vereinigten Staaten, übers Essen, über alles und jedes!

PIERRE-MARC DE BIASI: Und nach dem, was ich über seine Darstellungsweise gehört habe, verkörpert er eine sehr positive Version des Homais: einen echten Fortschrittsgläubigen, was ja auch im Sinn der Geschichte ist, oder nicht?

CLAUDE CHABROL: Natürlich! Er spielt den Homais von innen heraus! Homais glaubt, daß er im Trend der Geschichte liege, er ist von sich überzeugt. Er ist zwar ein großer Trottel, aber das wird ihm keine Sekunde lang bewußt. Und es ist sogar noch ein bißchen komplizierter, und das ist das Tolle bei Flaubert: Homais ist ein Trottel, aber zugleich ist nicht alles dumm, was er sagt. Er ist kein geborener Idiot, sondern ein Mann, der seine Schlußfolgerungen zieht, der ständig irgendwelche Schlußfolgerungen ziehen will; von daher das Idiotische in seinem Gerede, wenn auch das, was er sagt, manche unbestreitbare Wahrheit enthält, eine Wahrheit, mit der man einverstanden sein könnte und mit der Flaubert selbst bestimmt einverstanden war!

PIERRE-MARC DE BIASI: Was haben Sie in diesem Zusammenhang mit den berühmten Diskussionen zwischen Homais und dem Pfarrer Bournisien gemacht?

CLAUDE CHABROL: Ich habe die Dialoge Homais – Bournisien, die die Religionsfragen – den großen Gegensatz Katholizismus – Laienrationalismus – berühren, ein wenig zusammengefaßt. Ich hatte das Gefühl, daß diese Problematik seit der Epoche des Romans ein kleines bißchen an Aktualität eingebüßt hat. Man kann sie erwähnen, aber man kann daraus kein Diskussionsthema mehr machen, das das Publikum interessiert, wie es vielleicht vor eineinhalb Jahrhunderten der Fall war. Ich glaube sogar, wenn ich solchen Diskussionen in meinem Film zuviel Platz eingeräumt hätte, wäre das eine zu genaue Nähe zum Text gewesen, und bei der Bedeutung, die diese Debatte im Text hat, hätte das den Sinn des Textes auf paradoxe Weise entstellt. Diese Polemik zwischen Homais und Bournisien, die um 1850 von brennender Aktualität, ja, die ihrer Zeit sogar ein wenig voraus war, sehen wir heute mit einer gewissen Verzerrung: die meisten Bedeutungen sind durch den historischen Abstand verstümmelt. Historiker könnten sich noch darin zurechtfinden, ein Problem der damaligen Epoche darin erkennen, aber die große Mehrheit des Publikums würde sich bestimmt nicht mehr davon betroffen fühlen.

PIERRE-MARC DE BIASI: Das stimmt. In Frankreich hat das Problem bis zum Beginn des 20. Jahrhunderts und ein bißchen darüber hinaus die Gemüter noch heftig erregt, aber dann, nach der Trennung von Kirche und Staat, hat sich das alles geändert...

CLAUDE CHABROL: Genau! Und deshalb würde das Problem, wenn man es in den Film wieder einbringen, darauf beharren würde, einen gegenteiligen Effekt erzeugen als er vom Text gewollt ist: Es würde dem Film eine rückwärtsgewandte Tendenz verleihen, zu etwas hin, was bereits vorüber ist, während der Text höchst modern und progressiv war, indem er diese Frage aufwarf und die Argumentationsgrenzen beider Seiten aufzeigte... Abgesehen davon, seien Sie ganz beruhigt,

Christiane Minazzoli (Witwe Lefrançois), Jean Yanne (Monsieur Homais)

Homais' Apotheke

eins ist ganz sicher: Homais ist ein ausgesprochener Pfaffenhasser, und Bournisien ist unbestreitbar ein echter Trottel von einem Pfarrer!

Das Ende

PIERRE-MARC DE BIASI: Sie haben die letzten Augenblicke der Erzählung stark überarbeitet. Wie haben Sie das Ende abgehandelt? Wie schließt die Erzählung in Ihrem Drehbuch? Was wird zum Beispiel aus der kleinen Bertha?

CLAUDE CHABROL: Die kleine Bertha? Sie wird in das Zitat miteinbezogen, mit dem das Drehbuch endet. Ich lasse die letzte Seite vorlesen.

PIERRE-MARC DE BIASI: Genau, der Schluß kommt aus dem Off.

CLAUDE CHABROL: Ja. Vier oder fünf Mal benutze ich das Off, weil ein paar Sachen einfach in sich ganz hervorragend sind – von der Sprache und ihrer Suggestivkraft her – und es keine andere Möglichkeit gibt, sie zu sagen. Also habe ich die Gelegenheit ergriffen, mit Flauberts Sprache zu schließen. Übrigens ist da bei dieser Geschichte mit dem Schlußtext etwas ganz Ulkiges passiert. Als ich das Drehbuch tippen ließ, war da diese letzte Seite, und wie Sie wissen, kommt es bei den letzten Zeilen des Romans zu einer derartigen Beschleunigung der erzählten Zeit, daß Flaubert beim Schreiben ganz plötzlich von der Vergangenheit zur Gegenwart übergeht. Ich habe den Text kopiert. Aber als ich das Drehbuch zum Tippen gab, hat das Mädchen, das den Text abschrieb, gedacht: »Das kann nicht sein, er hat sich geirrt«, und um mir zu helfen, hat sie die Zeitenfolge wiederhergestellt und alles wieder in die Vergangenheitsform gesetzt...

PIERRE-MARC DE BIASI: Sie haben Flauberts Präsens wieder einsetzen lassen, man hört es ganz deutlich am Ende des Films. Aber wenn man das Drehbuch genau liest, merkt man, daß diese berühmte letzte Seite von *Madame Bovary* von Ihnen nicht ganz übernommen wurde. Das wirft aber doch ein ernstes Problem auf, wenn es Ihre Absicht war, mit der Beschwörung von Flauberts Stil zu enden. Das wird ein Diskussionspunkt sein, aber ich lese Ihnen zuerst einmal die beiden Versionen vor. Hier der Drehbuchtext, den man aus dem Off zu den letzten Bildern hört:

»Eines Abends kam die kleine Bertha, um ihren Vater zum Abendessen zu holen. Er saß auf der Bank in der Laube. Sie stieß ihn sacht an. Er fiel zu Boden. Er war tot. Als alles verkauft war, blieben zwölf Franken und fünfundsiebzig Centimes übrig, die dazu dienten, die Reise von Bertha Bovary zu ihrer Großmutter zu bezahlen. Die gute Frau starb noch im selben Jahr; da Vater Rouault gelähmt war, nahm eine Tante sich ihrer an. Sie ist arm und schickt sie in eine Baumwollspinnerei, damit sie sich ihr Brot verdient. Herr Homais hat sich eine riesige Praxis geschaffen; die Behörden drücken ein Auge zu, und die öffentliche Meinung schützt ihn. Kürzlich hat er das Kreuz der Ehrenlegion bekommen.«

Und hier das Original, das zweieinhalbmal so lang ist, und aus dem Sie die Elemente ihrer Bearbeitung entnommen haben:[1]

»Am Tag darauf *setzte Charles sich auf die Bank in der Laube.* Sonnenlichter fielen durch das Gitter, die Weinblätter zeichneten ihre Schatten auf den Sand, der Jasmin duftete süß, der Himmel war blau, Insekten summten um die blühenden Lilien. Charles atmete schwer; und sein kummervolles Herz schwoll ihm wie einem Jüngling vor unstillbarer Liebessehnsucht.
Um sieben Uhr *kam Bertha*, die ihn den ganzen Nachmittag nicht gesehen hatte, *um ihn zum Abendessen zu holen.*
Sein Kopf war hintenübergelehnt, die Augen geschlossen, der Mund stand offen. In den Händen hielt er eine lange, schwarze Haarlocke.
– Papa, komm doch! rief die Kleine.
Und sie glaubte, er wolle mit ihr spaßen und *stieß ihn sacht an. Da fiel er zu Boden. Er war tot.*

[1]) Dt. Text nach der Übersetzung von Hans Reisiger in der Ausgabe Manesse, Bibliothek der Weltliteratur, Zürich 1967.

Isabelle Huppert

Isabelle Huppert, Marie Mergey, Jean-François Balmer

Isabelle Huppert, Christophe Malavoy

Sechsunddreißig Stunden später erschien auf Veranlassung des Apothekers Doktor Canivet. Er öffnete die Leiche, fand aber nichts. *Als aller Hausrat verkauft war, blieben zwölf Franken und fünfundsiebzig Centimes übrig, die gerade ausreichten, um die Reise des kleinen Fräulein Bovary zu ihrer Großmutter zu bestreiten. Die gute, alte Frau starb noch im selben Jahr; da Vater Rouault gelähmt war, nahm eine Tante sich des Kindes an. Sie ist arm und schickt Bertha, damit sie sich das tägliche Brot verdient, in eine Baumwollspinnerei.*
Seit Bovarys Tod haben sich bereits drei Ärzte nacheinander in Yonville niedergelassen, aber keiner hat sich dort halten können. *Herr Homais* hat sie alle rasch aus dem Feld geschlagen. Er *hat eine riesige Praxis; die Behörden drücken ein Auge zu, und die öffentliche Meinung schützt ihn.*
Kürzlich hat er das Kreuz der Ehrenlegion bekommen.«[1])

Die beiden Texte sind ja doch ziemlich unterschiedlich, und ich frage mich, ob es wirklich unmöglich war, die Seite *in extenso* zu zitieren, so wie sie ist. Es gibt da wunderbare Details. Die Schilderung von Charles' Tod ist so gemacht, daß man meinen könnte, Charles erlebt gerade einen erotischen Traum, während er sein Leben aushaucht; das, zum Beispiel, verschwindet völlig in Ihrer Bearbeitung. Und diese wunderbare Naturschilderung!... Wenn Sie schon zitiert haben, dann hätten Sie es richtig machen sollen, ohne Kompromisse! Ich habe natürlich die Zeit ausgerechnet: der Originaltext macht etwas mehr als drei Minuten aus und Ihre Bearbeitung weniger als eineinhalb Minuten, das ist ein Unterschied!

CLAUDE CHABROL: Das ist ja das Problem! Ich konnte diese letzte Seite nicht ganz lesen lassen – obwohl ich gerne, genau wie Sie, Flauberts Text selbst zu Gehör gebracht hätte –, weil das einfach unmöglich ist! Dreieinhalb Minuten, das ist im Kino eine Ewigkeit, glauben Sie mir! Mit meiner Bearbeitung des Endes, die wirklich ein Zitat vom Ende des Buches ist, kommt man auf eine Minute und 15 Sekunden, und das ist

1) Die von Claude Chabrol übernommenen Elemente sind schräg gedruckt. Wie man feststellen kann, sind mehrere dieser Elemente für die Bearbeitung umgeformt worden.

wirklich ein Maximum. Ich glaube, bei drei Minuten und dreißig Sekunden würden die Leute noch vor dem Abspann das Kino verlassen!

PIERRE-MARC DE BIASI: Das glaube ich nicht!

CLAUDE CHABROL: Weil Sie die Menschheit optimistischer sehen als ich – und weil Gustave, meiner Ansicht nach, dieselbe Berechnung angestellt hätte...

PIERRE-MARC DE BIASI: Oh, wissen Sie, Gustave war es völlig gleichgültig, ob er seinen Lesern unmögliche Texte zu lesen gab. Er ist zwar mit seinen Büchern nie sehr reich geworden, aber eineinhalb Jahrhunderte später spricht man noch über sie! Und ich bin der Meinung, daß Sie mit einem Schlußtext aus dem Off, der drei Minuten und dreißig Sekunden dauert, ein historisches Filmfinale geschaffen hätten! Der Umfang des Unternehmens hätte das doch gestattet, oder nicht?

CLAUDE CHABROL: Und gleichzeitig hätte ich meinem Produzenten die historische Gelegenheit verpaßt, nichts mehr zu besitzen als seine Augen zum Weinen! Danach wäre ihm nichts anderes übriggeblieben, als seine Produzentenkarriere an den Nagel zu hängen! Wissen Sie, beim Kino hat man nicht dieselbe Freiheit zu tun und zu lassen, was man will, wie man sie in der Literatur hat. Ein Roman, der sich nicht gut verkauft, ruiniert weder den Herausgeber noch den Autor. Beim Film, mit einem Budget wie dieser hier, wird das zur nicht wieder gutzumachenden Katastrophe. Wenn er sein Drehbuch verfaßt, weiß der Regisseur, daß er sich – anders als ein Schriftsteller – nicht auf eine einsame Reise begibt. Von seiner Arbeit hängt der Erfolg eines ganzen Teams ab... Aber, wissen Sie, das finanzielle Argument war nicht der einzige Grund für meine Entscheidung, beileibe nicht. Um die Form, die ich dem Schluß geben wollte, richtig zu verstehen, muß man den selben Weg gehen, den ich bei der Abfassung des Drehbuchs gegangen bin. In Wirklichkeit standen mir mehrere verschiedene Lösungen zur Verfügung, um die Geschichte zu einem Ende zu bringen.

PIERRE-MARC DE BIASI: Welche?

CLAUDE CHABROL: Zuerst mußte ich mich entscheiden, ob ich Charles' Tod inszenieren oder ob ich mich darauf beschränken will, ihn nur zu erwähnen, wie ich es dann schließlich getan habe... Ich habe beschlossen, ihn nicht in Szene zu setzen, genauso wie ich beschlossen habe, auch von der Inszenierung der Schlußbegegnung zwischen Rodolphe und Charles abzusehen... Obwohl das für einen Regisseur großartige Momente gewesen wären. Wissen Sie, es kostet einen viel Überwindung, Streichungen vorzunehmen! Aber ich hatte gute Gründe, so vorzugehen. Zunächst, wie ich Ihnen bereits gesagt habe, ist da die Tatsache, daß dies die Geschichte Emmas ist und daß es nach ihrem Verschwinden von der Leinwand sehr schwierig wird, die Aufmerksamkeit des Zuschauers auf etwas anderes zu lenken. Auch hier ist die Poetik der Erzählung in einem Buch und in einem Film nicht dieselbe. Wenn der Held endgültig aus dem Film verschwindet, muß man sehr schnell zum Schluß kommen. Erzählerische Entwicklungen werden danach einfach unerträglich, auch wenn sie noch so gut gemacht sind; das Gefühl ist nicht mehr dabei, es ist eben so... Ich habe diese Erfahrung schon gemacht, auf meine Kosten, in einem Film, bei dem ich gegen diese Regel verstoßen wollte... Aber es gab da noch ein anderes Problem. Wenn ich zum Beispiel Charles' Tod hätte drehen wollen, hätte ich das natürlich textgetreu machen müssen. Im Text, in dieser kleinen Schilderung, die Ihnen so gut gefällt, stirbt Charles, indem er den Eindruck erweckt – und das ist wirklich großartig gemacht –, als ob er vor Lust »schwer atmen« würde, so der Text. Und er stirbt »in der Laube« im Garten: das heißt genau da, wo, ein paar Seiten vorher, Emma und ihr Geliebter wild herumbumsten. Das klingt ein bißchen derb, aber in Flauberts Text steht es so. Im Bild würde das zu einer absolut obszönen Schwülstigkeit. All das hat mich sehr schnell zu der Entscheidung hingeführt, die ich dann schließlich getroffen habe: sofort zur Schlußpassage im Off überzugehen. Übrigens hat mich, als ich die letzten Seiten von *Madame Bovary* wohl zum hundertsten Mal gelesen hatte, der äußerst trockene Ton frappiert: Die Adjektive verschwinden langsam (etwas, was man sehr schwer auf die Leinwand bringen kann!), und es ist ein bißchen so, als ob der Sinn und die Wirklichkeit der Dinge langsam den Text im Stich lassen würden. Das hat mich bei meinen Streichungen getröstet. Ich hätte zum Beispiel den Text der letzten Seite von jemandem auf der Leinwand lesen lassen können – warum nicht von Flaubert? Einen Augenblick habe ich daran gedacht. Das Ärgerliche an dieser Idee ist, daß plötzlich, durch einen unglücklichen Feed-back-Effekt, der sich auf das Ganze bezieht, der Film so etwas wie die »Illustration« des Textes wird. Sie wissen besser als ich, daß das ausgesprochen antiflaubertinisch wäre und sich auch auf meine Arbeit sehr störend ausgewirkt hätte. Denn auch wenn sie textabhängig ist, versucht sie sich als eigenständiges Kunstwerk darzustellen und nicht als die Illustration eines literarischen Werks... Verstehen Sie, wie schwierig das war! Also habe ich beschlossen, den Text im Off sprechen zu lassen und auf der Leinwand Bilder von der Hauptstraße in Yonville zu zeigen, wo man alles in der Erzählung Zukünftige sieht, womit ich den besagten Zeitsprung in die Gegenwart realisiere, den der Text macht. Man sieht alle Personen des Romans vorüberziehen, die nach dem Drama übriggeblieben sind: In ihrem Alltag nach Bovarys Tod, dazu das Schicksal der zweitrangigen Figuren des Romans und Léon mit seiner jungen Verlobten etc. Ich glaube, daß diese Entscheidung richtig war, aber Sie verstehen, daß ich das nicht länger als eine Minute und 15 Sekunden stehenlassen konnte!

PIERRE-MARC DE BIASI: Ja, ich verstehe... Aber als ich über die Wahl, die Sie getroffen haben, nämlich Flauberts Text zu straffen, ihn auf eine Art Zusammenfassung der letzten Seite zu reduzieren, nachdachte, kam mir eine andere Interpretation in den Sinn, die bestimmt falsch ist, weil Sie sie nicht erwähnt haben. Ich habe gedacht, daß Ihre Version eigentlich einer »Erinnerung« an den Originaltext merkwürdig ähnlich sieht: ich empfinde sie wie ein Zitat, das jemand, der *Madame Bovary* gut kennt, der aber das Buch nicht vor Augen hat, aus der Erinnerung heraus machen könnte, wobei er sich nur an das Wesentliche erinnert: das Erzählschema von Charles' Tod, der Übergang ins Präsens in den letzten Abschnitten, und hier und da ein paar Ausdrücke, ein paar Sätze, die den Text genau wiedergeben … Verstehen Sie? Als ob der Schluß nicht der eigentliche Text sei, sondern bruchstückhaft Erinnertes: die etwas vereinfachte Spur des Textes, die in die Erinnerung eingegraben ist, das, was man nicht vergißt …

CLAUDE CHABROL: Aber Sie haben völlig recht, auch das trifft ein bißchen zu! Ich habe mich einer Technik bedient, die David Lean ausgearbeitet hat. Ich habe oft an seine Arbeit gedacht, daran, was er mir darüber erzählt hat, als er *Oliver Twist* und *Geheimnisvolle Erbschaft* von Dickens so großartig in Szene gesetzt hat. Da war das Problem noch viel größer gewesen als bei *Madame Bovary*, ich meine, was den Umfang der Streichungen betrifft. David Lean sagte: »Ich habe die Szenen gedreht, an die ich mich erinnerte, nachdem ich das Buch wiedergelesen hatte. Das, was mich berührt hatte, was ich nicht vergessen konnte, was ich auswendig erzählen konnte.« Das ist genau das, was Sie gesagt haben, und ich bin auch ein bißchen so vorgegangen. Mit dem Unterschied, daß das Buch von Flaubert bei weitem nicht so dick ist wie die Romane von Dickens und daß ich es 36mal gelesen habe. Aber als ich das Drehbuch schrieb, habe ich mir zum Beispiel verboten, all das, was ich beim Wiederlesen des Romans neu entdeckte, hinzuzufügen. Manchmal konnte ich es nicht lassen, die eine oder andere Einzelheit, die mir aufgefallen war, mit hineinzunehmen, aber im großen und ganzen habe ich die Regel befolgt, nichts wegzunehmen, was ich vom Text in Erinnerung behalten hatte und nichts hinzuzufügen, was ich zum erstenmal entdeckte …

Die Off-Stimme, der Erzähler und die Streichungen

PIERRE-MARC DE BIASI: Noch ein Letztes zu dieser Sache mit dem Schluß. Übrigens weniger eine Frage als eine Bemerkung, die eigentlich an das allgemeine Problem der Off-Stimme rührt und, indirekt, an das Problem vom Anfang des Romans. Ein formales Problem. Die Off-Stimme führt in das filmische Werk einen Erzähler ein, und zwar auf eine Art und Weise, die sich von dem, was der Erzähler des Romans ist, stark unterscheidet. Eigentlich ist es der Text oder vielmehr die Erinnerung an den Text (seine Spur im Geist eines fiktiven Lesers), der hier den Platz des Erzählers einnimmt. Das ist ein beträchtlicher Unterschied zum Erzähler des Romans, der ebenfalls existiert, der aber kaum in den Film übernommen werden konnte. Und dadurch, daß Sie diesen Unterschied ausspielen, sind Sie in gewisser Weise autorisiert, zu Flauberts Text die Distanz einzunehmen, die Sie eingenommen haben und die man zweifelsohne einnehmen muß, um einen Film zu machen. Unter diesem Gesichtspunkt scheint mir, daß Ihre Entscheidung, den Anfang und das Ende zu streichen, ein logisches System darstellt.

CLAUDE CHABROL: Ich habe keine »Distanz« zu Flauberts Text eingenommen. Ich bin ganz dicht drangeblieben. Aber ich konnte nicht alles aufnehmen! Oder es wären vier Filme daraus geworden! Aber ich habe natürlich dafür gesorgt, daß die Adaption trotz der Streichungen stets zusammenhängend ist. Wo sich Probleme wegen Struktur und Rhythmus ergaben...

PIERRE-MARC DE BIASI: Ich ziehe die Werktreue Ihrer Adaption nicht in Zweifel. Ich versuche, die Logik der Streichungen zu begreifen, und es erscheint mir tatsächlich konsequent, daß, wenn Sie das erste Kapitel in Teil eins der Erzählung streichen – diese zehn Seiten, die Charles' Jugend schildern –, Sie zugleich auch dieses berühmte »wir« weglassen, das von den ersten Worten des Romans an eine Art kollektiven Erzähler einführt. Der Text beginnt mit Charles' Ankunft im Internat, und Flaubert fängt so an:

»Wir waren im Arbeitszimmer bei den Schulaufgaben, als der Direktor eintrat. Ihm folgten ein ›Neuer‹, noch in ›Zivil‹... «

Die Kritik hat viel über dieses berühmte »wir« nachgedacht, das im ersten Kapitel immer wieder auftaucht: »... der Neue war ein Junge vom Lande (...), größer als *wir* alle« – und später »Es war bei *uns* Brauch, beim Eintritt in das Klassenzimmer unsere Mützen auf den Boden zu werfen... « Auf Seite sieben findet sich sogar diese merkwürdige Formulierung: »Es wäre *jetzt* wohl keinem von *uns* mehr möglich, sich noch irgendwie besonders an ihn zu erinnern.« Ein wirklich erstaunlicher Satz, da dieser Erzähler, der sich anfangs als Schüler der Klasse definiert (einer Gymnasialklasse, wie Flaubert sie um 1830 besuchte), plötzlich in die Gegenwart versetzt wird (»jetzt«), die nur die Gegenwart der Abfassung des Romans (1851–1856) sein kann, also genau dieselbe Gegenwart wie die in den letzten Zeilen... Das wäre bestimmt sehr schwierig auf die Leinwand zu bringen gewesen... Aber die Gegenwart des Textes, die in den letzten Sekunden des Films aus dem Off dringt, führt auf andere Weise zu einer Verzerrung, die einem erlaubt, etwas von diesem Bild des Erzählers wiederzufinden.

CLAUDE CHABROL: Ich habe mir all diese Fragen auch gestellt, als ich mich an die Arbeit am Text machte. Tatsächlich hätte es eine elegante Lösung gegeben, dieses »wir« herüberzubringen... Ich glaube, das wäre machbar gewesen. Wenn dieser Kollektiverzähler des Romans im Schiffbruch des ersten Kapitels untergegangen ist, dann, weil er [Flaubert] einige massive Streichungen vornehmen mußte, und weil diese Streichung – meiner Meinung nach – für die globale Ökonomie des Werkes weniger problematisch war als andere... Aber es hätte mir natürlich großen Spaß gemacht, dieses berühmte »wir« in Szene zu setzen!

Der Ton

PIERRE-MARC DE BIASI: Abgesehen von diesen groben – aber unvermeidlichen – Kürzungen war es Ihre Strategie, wie Sie sagen, treu dem Text zu folgen. Allen Aspekten des Textes?

CLAUDE CHABROL: Unbedingt! Unbedingt! Ich habe mich sogar gezwungen, für die »linke Spalte« – das heißt, die Stelle, wo man im Drehbuch alle Anmerkungen zu den Bewegungen, zu den Szenen, zum Ton etc. macht – fast ausschließlich Flauberts Literatur zu verwenden. Wissen Sie, daß wir eine genaue Liste der Geräusche aufgestellt haben, die in dem Roman angegeben sind? Stellen Sie sich vor, es gibt Hunderte, Tausende von

Geräuschen in *Madame Bovary*; nehmen Sie zum Beispiel einmal einfach das dritte Kapitel im ersten Teil, die Geräusche, als Emma mit kleinen Zungenstößen den Boden des Glases ausleckt, dann das Geräusch der Fliegen, die sich brummend im Cidre ertränken, auf dem Boden eines anderen Glases, das auf dem Tisch herumsteht...! Mit dem Verhältnis Ton – Bild kann man wunderbar arbeiten... Man muß den Ton in seiner Eigendimension vorführen!

PIERRE-MARC DE BIASI: Erklären Sie mir, wie Sie diese Geräusche ausgesucht haben. Sie haben eine Aufstellung gemacht, um die im Roman angegebenen Geräusche zu übertragen? Welches Kriterium lag Ihrer Auswahl zugrunde?

CLAUDE CHABROL: Es gibt da einige Geräusche, die man natürlich nicht integrieren kann. Was ich nämlich gewiß nicht wollte, war, das Bild durch den Ton zu wiederholen. Das geht nicht. Was für ein Beispiel soll ich Ihnen geben? Bei einer der ersten Begegnungen zwischen Emma und Rodolphe im Garten gibt es Tiergeräusche... ein Tier läuft vorbei, ein Wiesel, glaube ich... kurz, da sind Geräusche von Tieren. Sie sind in Flauberts Text, man überträgt sie auf die Tonspur; aber was ich nicht tun werde, ist eine Einstellung von einem vorbeihuschenden Wiesel,... das Tier ist nur zu hören!

PIERRE-MARC DE BIASI: Sie meinen, der Ton muß sich eine relativ autonome Dimension bewahren, er muß vor allem vermeiden, das Bild zu sehr zu überfrachten...

CLAUDE CHABROL: Ja, genau. Mein Gegenbeispiel wäre das, was ich kürzlich in Yves Roberts Filmen über Pagnol gesehen habe. Der Erzähler sagt da mit tiefer Stimme: »Der Himmel war blau« – und zack, serviert man uns auf der Leinwand einen großen blauen Himmel mit der passenden Musik dazu, nein, sowas will ich nicht.

PIERRE-MARC DE BIASI: Die Abfassung des Drehbuchs bestand für Sie also vor allem darin, Flauberts Text neu zu erfassen. Ihm einerseits die Dialoge, die Sie dann bearbeitet haben,

Tonprobe

andererseits die Regieanweisungen sowie die Tonangaben zu entnehmen...

CLAUDE CHABROL: Ja, und die Bearbeitung der Tonaufnahmen, die nach dem Bildschnitt systematisch durchgeführt wird, wird mehr als zwei Monate in Anspruch nehmen! Es ist zwar schon alles bereit, aber es wird eine Riesenarbeit. Ich habe alles im Drehbuch vorbereitet, wir haben während der Dreharbeiten viel darüber diskutiert, und Flauberts Text wurde unter diesem Gesichtspunkt noch einmal genau unter die Lupe genommen.

Jetzt muß alles noch einmal durchgesehen und aufeinander abgestimmt und dann millimetergenau angelegt werden. Zwischen dem Dialog und den Bildern muß eine Synthese hergestellt werden.

PIERRE-MARC DE BIASI: Noch ein Wort zum Ton: Wie haben Sie das musikalische Element gehandhabt? Wie haben Sie die Beziehung zwischen dieser komplexen, symbolischen, raffinierten Tonaufnahme, von der Sie eben gesprochen haben, und der Musik hergestellt?

CLAUDE CHABROL: Musikalische Elemente werden nur sehr begrenzt eingesetzt, insgesamt drei oder vier. Da wird natürlich die Sonate von Scarlatti sein, die Emma schließlich aus Langeweile zu spielen aufhört und die eine gewisse Bedeutung hat, die etwas aussagen will. Und hier bin ich gegenüber Flaubert unbestreitbar im Vorteil, weil ich sie hören lassen kann, weil mein Zuschauer dazu träumen kann, während der Text dem Leser nur einen Namen –, die Sonate von Scarlatti – liefern kann, die dieser kennt oder nicht kennt... Ich dagegen kann sie diskret ins Bild mit einbringen, ohne daß ich die Sonate auch nur benennen muß. Und da gibt es natürlich auch die Walzermusik vom Ball in Vaubyessard: sie wird den Aspekt des Wienerischen in der musikalischen Partitur des Films darstellen.

PIERRE-MARC DE BIASI: Eine kleine Abschweifung zu diesem besagten Ball: Wie haben Sie ihn gemacht?

CLAUDE CHABROL: Oh, ich habe ihn genauso gedreht, wie er beschrieben wird.

PIERRE-MARC DE BIASI: Gewiß, aber was noch? Sie verschanzen sich mit ihren Antworten immer hinter Gustave!

CLAUDE CHABROL: Nein, nein, die Antwort ist nicht falsch. Ich habe ihn wirklich so gedreht, wie er beschrieben wird. Dagegen habe ich, während ich diese Szene drehte, begriffen, woher der Sonnenuntergang bei Emmas erster Begegnung mit Léon kommt, an dem Abend in Yonville, als sie sich in dem Gasthaus kennenlernen. Sie sprechen von Sonnenuntergängen am Meer, und man nimmt an, daß sie das irgendwo gelesen haben wird, daß es sich um eines dieser Klischees handelt, die ihren Kopf bevölkern... Und es handelt sich wirklich um ein Stereotyp, aber ich glaube, es ist die Variante eines anderen Klischees, das Emma eben auf dem Ball in Vaubyessard hört: sie hört, wie sich ein paar elegante Menschen um einen Tisch herum unterhalten, und wie eine Frau sagt: »Oh, der Mondschein über dem Kolosseum, meine Liebe, das ist so schön, das ist einfach wunderbar...« Sowas in der Art. Ich glaube, daß Emma mit ihren Sonnenuntergängen nichts anderes tut, als diesen eleganten Gedanken, den sie in Vaubyessard gehört hat, nachzusprechen. Aber Ironie bedeutet nicht das Fehlen von Gefühl: Emma ist ein bißchen dumm, weil sie zutiefst menschlich ist, aber von Anfang bis Ende ist sie rührend.

Die Dummheit

PIERRE-MARC DE BIASI: Das Thema der Dummheit hat Sie bei Flaubert sichtlich interessiert. Welchen Platz geben Sie ihr in *Madame Bovary*? Handelt es sich hierbei um ein wichtiges Thema?

CLAUDE CHABROL: Die Dummheit ist ein wichtiges Thema, wenn man sich mit Flaubert befaßt, aber Ihnen brauche ich das ja nicht zu sagen. Es ist aber nicht das einzige Thema, das

mich interessiert hat, während ich über *Madame Bovary* nachdachte. Und doch handelt es sich hier um ein wesentliches, und dazu auch noch zutiefst Flaubertsches Problem. Wenn man ein Drehbuch nach einem so verdichteten Werk wie diesem Roman schreibt, liest man den Text wieder und wieder. Nun, und nachdem ich *Madame Bovary* und einige andere Werke von Flaubert immer und immer wieder gelesen hatte, merkte ich, daß der Schlüssel zu diesem Roman ein gewisser »Optimismus« ist. Dasselbe gilt für *Bouvard und Pécuchet* und, wenn mich meine Erinnerung nicht trügt, auch für *L'Education sentimentale*[1]), die ich zwar mehrmals gelesen habe, doch aus Zeitmangel vor den Dreharbeiten zu *Madame Bovary* nicht wieder lesen konnte. Die Ausgangsposition, Flauberts Grundphilosophie, ist ein paradoxer Optimismus, den man in der folgenden These zusammenfassen könnte: Der Mensch ist ein Dummkopf, der Mensch ist töricht, und alles, was an ihm nicht töricht ist, gereicht ihm zum Ruhm. Alles, was sich der grundsätzlichen Dummheit des Menschen entzieht, setzt eine große Anstrengung voraus, eine Art Heldentum.
Ich habe für meine *Madame Bovary* diesen optimistischen und zugleich paradoxen Standpunkt rigoros übernehmen wollen. Das Prinzip ist sehr einleuchtend. Es wäre falsch zu glauben, diese Philosophie könnte das Problem um Emmas Persönlichkeit lösen; aber es ist ein Standpunkt, der etwas Licht hineinbringt, ohne das Rätsel aufzulösen. Emma Bovary ist mit einem gewissen Heldentum begabt, da sie hin und wieder in der Lage ist, sich der Dinge bewußt zu werden: Blitzartig sieht sie die Mittelmäßigkeit ihrer Umgebung. Sicher ist ihre Loslösung nicht total: Sie kann sich der Dummheit ihrer Umgebung bewußt werden, ohne so weit zu gehen, das Ausmaß ihrer eigenen Dummheit zu erkennen. Ihrer eigenen Mittelmäßigkeit kann sie sich leider nicht bewußt werden. Aber dieses Bewußtsein von der sie umgebenden Leere ist einer ihrer Ansprüche auf Ruhm. Hier wird sie bewundernswert und anrührend. Ihre Grenze liegt darin, daß sie sich weigert, ihre eigene Dummheit zuzugeben.

[1]) »Deutsch: Lehrjahre des Gefühls, auch: Die Erziehung des Herzens.

PIERRE-MARC DE BIASI: Wenn Emma sich ihrer eigenen Dummheit bewußt wäre, würde aus *Madame Bovary* eine Art *Bouvard und Pécuchet* vor dem Brief... Aber was halten Sie eigentlich von dem Wort »Dummheit«? Die Dummheit ist, wie Sie ganz klar und einfach gesagt haben, die menschliche »Idiotie«, das Törichte, eine gewisse Mittelmäßigkeit im Denken und Leben, aber das ist noch nicht alles. In der Dummheit liegt auch eine gewisse animalische Dimension. Was sagen Sie zu diesem Aspekt der Sache? Ich denke zum Beispiel an die »Dummheit« der Félicité in *Un cœur simple*: diese Mischung aus Stupidität und echter Beziehung zur Natur, zu den großen Kräften der Natur. Auch hierin liegt eine Art von Heldentum, und hier besteht sie nicht mehr darin, daß man sich der Dummheit entzieht, sondern im Gegenteil in einer Art Akzeptieren der angeborenen Beziehung zur Welt der Natur, in einer gewissen Harmonie ohne Abstand und ohne Bewußtheit.

CLAUDE CHABROL: Ich glaube, *Ein schlichtes Herz* geht genau in die Richtung, die ich vorhin als Flauberts Grundphilosophie umschrieb: Félicités Dummheit hindert sie nicht daran, grandios zu sein. Ihr unmittelbares Zusammenleben mit der Natur ist zutiefst menschlich: sie ist dumm und zugleich animalisch, denn das Wesen des Menschen ist animalisch. Es liegt eine gewisse Schönheit darin, so zu sein, wie man ist. Im Animalischen liegt das Positive an der Dummheit. Das Törichte, Stupide, Mittelmäßige heißt, diese Animalität zu leugnen, sich als höher (als höheres Tier) einzustufen und dadurch den Adel des Tieres zu verlieren, ohne die Größe einer Bewußtwerdung zu erreichen. Unter diesem Aspekt drückt Félicité, was den Pakt mit der Natur betrifft, aus, was Emma mit ihrer Ablehnung der sozialen Mittelmäßigkeit ausdrückt. Aber der wesentliche Punkt ist immer derselbe: Die Intelligenz ist nicht a priori das Charakteristische des Menschlichen; ein Gedanke, der meiner Ansicht nach ziemlich tröstlich ist.

PIERRE-MARC DE BIASI: Und zugleich äußert sich diese Philosophie der Dummheit bei einem Schriftsteller wie Flaubert in einem wahren Intelligenzkult, durch mühevolles Suchen, durch die ständige Infragestellung des Denkens selbst, durch eine umfassende intellektuelle Arbeit, die so etwas wie eine neue Idee von der Literatur hervorbringt; eine Idee, nach der man, laut Gustave Flaubert, das literarische Schaffen nicht mehr von einer gewissen Reflexion über das Wissen trennen kann...

CLAUDE CHABROL: Aber ja, natürlich! Er ist ein Arbeitstier, er liest ständig, immer wieder, macht sich Notizen, überprüft alles wieder und wieder, wendet die Gedanken in alle Richtungen, aber gerade deswegen, weil er von seiner eigenen Dummheit überzeugt ist!

PIERRE-MARC DE BIASI: Und das funktioniert so gut, daß man das Epitheton »dumm« auf seinen Roman anwenden könnte! Und vielleicht auch auf Ihren Film! Flaubert sagt irgendwo in der Korrespondenz, daß Meisterwerke dumm seien; sie wirkten ruhig – wie das, was die Natur selbst hervorgebracht habe, wie die großen Tiere und die Berge.

Der Rhythmus, der Stil und das Schicksalhafte

PIERRE-MARC DE BIASI: Ich komme auf meine erste Frage zurück, über das Drehbuch und den Text des Romans. Welches war wohl das größte Problem? Etwa die Detailtreue? Oder die Treue zur Struktur?

CLAUDE CHABROL: Nein, das Detail war es nicht. Bei den Details wußte ich, was ich wollte. Die Schwierigkeit beim Drehbuchschreiben lag nicht darin, den Text auf das Wesentliche zu reduzieren, sondern eigentlich im Rhythmus des Ganzen. Da war einerseits ein erzählerischer Aufbau zu berücksichtigen, und andererseits mußte der Rhythmus der Sätze spürbar gemacht werden... Ich weiß nicht, ob der Zuschauer es merken wird, ich jedenfalls empfand es als meine Aufgabe, den Sprachrhythmus entsprechend den Flaubertschen Satzkonstruktionen spürbar zu machen, um beispielsweise die

Intensität dieses Dreierrhythmus' fühlen zu lassen, der manchmal in Flauberts Prosa ganz verblüffend ist. Ich habe versucht, Lösungen zu finden, aber natürlich bin ich nicht sicher, ob sie auch gelungen sind...

PIERRE-MARC DE BIASI: Könnten Sie mir ein Beispiel sagen für eine solche Umsetzung des Rhythmus?

CLAUDE CHABROL: Oh, wissen Sie, es handelt sich da vor allem um technische Kniffs, um kleine Konstruktionen... Aber ich will Ihnen ein ganz einfaches Beispiel nennen, das mir gerade in den Sinn kommt. Léon, Léons Liebesnest, die berühmten drei Tage mit Léon: Dieser gesamte Komplex wird auf drei Sequenzen übertragen, von denen eine eine Einstellung, die zweite zwei und die dritte drei Einstellungen hat... Ganz allgemein habe ich mich bemüht, den Rhythmus mit Hilfe von Tricks beim Aufbau auf den Film zu übertragen. Aber der Rhythmus kann im Grunde auch ein Kommaproblem sein! Ich verstehe sehr gut, daß Flaubert einen ganzen Nachmittag lang darüber nachdenken konnte, ob er ein Komma stehenlassen oder wegnehmen sollte! An manchen Stellen hatte ich es mit mikroskopisch kleinen Effekten zu tun. Ich mußte visuell ein Komma setzen. Zum Beispiel ging es an einer Stelle darum, Charles verschwinden zu lassen. Emma und Charles sind zusammen. Im Text heißt es, daß sie den Eindruck hatte, er verschwinde, er schrumpfe. Bei diesen Einstellungen habe ich es so eingerichtet, daß Charles unmerklich aus dem Bild geht. Er ist da, aber gleich nach dem Komma ist er geschrumpft. Ich habe auch ein paar etwas riskantere Konstruktionen versucht, so wie sich auch Flaubert darin gefällt, die französische Grammatik in aller Ruhe zu vergewaltigen. Wissen Sie, es gibt da ein Buch von André Berthomieux, eine *Grammaire cinématographique* (Grammatik der Cinematographie), die aufzählt, was als syntaktischer Ausdruck der Bilder visuell korrekt und wirksam ist. Ein sehr nützliches Buch. Aber richtig interessant wird es erst, wenn man sich davon freimacht. Wenn man im Film eine Sprache sprechen will, die sich der von Flaubert annähert, muß man seine cinematographische Grammatik aus dem Effeff beherrschen, vor allem aber muß man sich im gegebenen Augenblick mit derselben Lässigkeit wie Gustave darüber hinwegsetzen! Überraschend ist die unglaubliche Nähe dessen, was Flaubert über den »Stil« sagt, zu der Arbeit, die eine am Text orientierte Filmbearbeitung erfordert. Für Flaubert ist der Stil nicht nur einfach der Aufbau eines Satzes, sondern auch der Platz, den dieser Satz innerhalb des Abschnitts, des Kapitels usw. einnimmt. Und diese Architektur ist nicht nur eine Frage der Form, sondern zugleich die eigentliche Grundlage der Geschichte, auf allen Ebenen der Erzählung, der offensichtlichsten wie der verborgensten. Der Film ist alles, der Hintergrund und die Form, die Prosa, das Erzählerische, das Symbolische. Während der Bearbeitung von *Madame Bovary* habe ich mich – mit größtem Vergnügen – vor die Verpflichtung gestellt gesehen, auf genau dieselbe Weise vorzugehen! Das Schicksalhafte, zum Beispiel! Das Schicksalhafte in diesem Roman kann man nicht isoliert betrachten. Es ist in jedem Augenblick präsent, zieht sich durch die ganze Erzählung hindurch. Es gibt Schlüsselmomente, es gibt auch eine Struktur des Schicksalhaften, aber eine Spur davon liegt auch im Rhythmus, in den Koinzidenzen. Ich habe unendlich viele Einstellungen mit dem Schicksalhaften gedreht, Bilder, die man kaum bemerkt, die das Schicksal der Figuren visuell ankündigen, ganz schnell, ohne aufdringlich zu sein, die sich jedoch unterschwellig im Gedächtnis des Zuschauers einprägen. Als Emma sich zu Lheureux begibt, geht zum Beispiel Hippolyte wie durch Zufall einen Augenblick lang durchs Bild…

PIERRE-MARC DE BIASI: Ja, ich glaube, das ist ganz richtig. Das Schicksalhafte bei Flaubert ist oft die Wirkung eines Netzes von kaum merklichen Zeichen…

CLAUDE CHABROL: Ja, überall haben wir solche Netze gewebt, wir hatten großen Spaß dabei!

PIERRE-MARC DE BIASI: Es gibt eine Gestalt in dem Roman, die für das Schicksalhafte große Bedeutung hat. Ich meine den Blinden. Wie haben Sie ihn interpretiert?

CLAUDE CHABROL: Ich habe ihn überhaupt nicht interpretiert. Er wird ganz natürlich gespielt, da gibt es nicht mehr und nicht weniger als das, was der Roman uns zeigt.

PIERRE-MARC DE BIASI: Bis auf die Tatsache – ich habe Fotos vom Set gesehen –, daß seine Maske ziemlich auffällig ist! Er sieht wirklich abscheulich aus, euer Blinder! Und da lag keine symbolische Absicht dahinter?

CLAUDE CHABROL: Ob er symbolisch wirkt oder nicht, das weiß ich nicht, aber auf alle Fälle war keine symbolische Deutung vorgesehen. Ich habe mich darauf beschränkt, Homais' Diagnose anzuwenden. Wir haben mehrere Masken ausprobiert. Homais spricht von seinem skrofulösen Aussehen..., das ist alles! Wir mußten die Diagnose des Apothekers sichtbar machen. Ob er dabei zu einem Symbol der Häßlichkeit und von daher zu einem Symbol der immanenten Gerechtigkeit oder der göttlichen Rache oder des Todes usw. wird, ist eine Frage der Lesart, die nicht nur den Zuschauer beschäftigt... wie in dem Roman, wo seine symbolische Bedeutung keinesfalls präzisiert wird. Wir stellen ständig Symbole des Schicksalhaften her...

PIERRE-MARC DE BIASI: Apropos schicksalhaft – wie ist es Ihnen gelungen, die große Szene der Begegnung mit Léon im Theater umzusetzen, diese Szene in der Oper mit dem starken Symbolcharakter und mit dem Text der *Lucia di Lammermoor* im Hintergrund?

CLAUDE CHABROL: Ja, *Lucia di Lammermoor*... Hier war das Problem, mein großes Problem, wie Sie sich denken können, daß ich meinem Produzenten nicht zumuten konnte, für ein paar Filmsekunden eine richtige Opernaufführung in echten Dimensionen im Theater, mit allen Dekorationen, Chören, Sängern, Kostümen, Publikum und was sonst noch dazugehört zu rekonstruieren. Das kam gar nicht in Frage, aus Gründen des Budgets. Also habe ich die Textsituationen hergenommen – den Beginn des zweiten Aktes – und meine Adaption und Umsetzungsarbeit darauf aufgebaut, daß der Erzähltext sich mit dem Dramentext auf der Bühne überschneidet. Das hat mir sehr geholfen, die wirklich symbolische Dimension dieser Passage zu verstehen.

PIERRE-MARC DE BIASI: Ja, Emma, Charles und Léon verlassen das Theater, bevor sich der Vorhang zum dritten Akt hebt... der dann im dritten Teil des Romans in der Wirklichkeit gespielt wird. Wie haben Sie diesen Schlüsselmoment praktisch in die Tat umgesetzt?

CLAUDE CHABROL: Ich arbeite mit dem Ton: ich nehme von der Schallplatte auf... Ansonsten befindet man sich mit Emma in der Loge, die Bühne ist nur zu sehen, wenn der Vorhang zu ist. Was mir übrigens ganz gut gefällt. Aber da sich alles in der Loge abspielt, bin ich gezwungen, den Blickkontakt zwischen Emma und dem Tenor Lagardy, der sie betört, zu überspringen... Aber wir haben den Ton, und wir wissen, daß Emma die Geschichte von Lucia kennt...

PIERRE-MARC DE BIASI: Das ist ein wichtiger Moment in der Geschichte. In der Tat liegt diese Theaterszene als wichtiges symbolisches Bindeglied zwischen Emmas beiden Selbstmorden: dem mißlungenen Versuch in Kapitel 13, des zweiten Teils des Romans, und dem endgültigen in Kapitel acht im dritten Teil, mit dem der Film endet. Es liegt darin ein geheimes System, das die Erzählung strukturiert. Ich glaube übrigens, daß man das in Ihrem Drehbuch sehr gut spürt.

CLAUDE CHABROL: Ich habe die Szene des ersten Selbstmordversuchs genauso gedreht wie es in Gustave Flauberts Text steht.

PIERRE-MARC DE BIASI: Ja, das habe ich bemerkt, und ich glaube, das wird auch sehr gut. Das ist der Augenblick, wo die Heldin den Abschiedsbrief von ihrem ersten Liebhaber, von Rodolphe, erhält. Eigentlich handelt es sich eher um eine Verführung zum Selbstmord als um einen richtigen Versuch. Emma hat sich auf den Speicher zurückgezogen, um heimlich den Brief zu lesen. Sie lehnt sich ans Fenster, ihr Kopf wird

Isabelle Huppert – der Besuch in der Oper

Claude Chabrol und Isabelle Huppert bei den Dreharbeiten

leer, der Gedanke, sich hinunterzustürzen, wird fast im selben Augenblick geboren wie sie vom Schwindel gepackt wird... Dann plötzlich die Hand ihrer Dienstmagd Félicité, die sie im letzten Augenblick rettet, dann die lange Krankheit – eine Gehirnentzündung –, von der sie erst richtig genesen wird, als sie sich erneut verliebt, diesmal in Léon, der sie ihren ersten Liebhaber Rodolphe vergessen läßt, von dem sie im wahrsten Sinne des Wortes »fallengelassen« worden ist.

CLAUDE CHABROL: Ja, Rodolphe ist in diesem Augenblick und kurz vor dem Selbstmord ein Werkzeug des Schicksals. Aber hier handelt es sich um ein Schicksal, dem nichts Geheimnisvolles anhaftet. Rodolphe ist ein alleinstehender Mann, zynisch aus Idealismus, ohne Illusionen über die Gesellschaft und feige, wie die meisten Männer. Er hatte sich in eine Art Don Juansche Herausforderung gestürzt, aber er ist ein Melancholiker, der den Epikureer spielt. Sie haben recht, von der Gesamtstruktur her gesehen läßt er Emma fallen, fast zerschmettert sie unten im Hof, und am Schluß gibt er ihr nicht das Geld, das sie von ihm verlangt, das er jedoch nicht hat, und sie tötet sich. Dazwischen liegt das Intermezzo mit Léon, das seltsamerweise in einer Loge beginnt, die vor dem Beginn des letzten Aktes verlassen wird...

PIERRE-MARC DE BIASI: Ja, sehr seltsam! Der letzte Akt wird ausgeklammert. Léon begrüßt während der Pause Emma in ihrer Loge. Sie überträgt auf ihn all das Verlangen, das sie unwiderstehlich zu dem Tenor Lagardy hingezogen hatte. Der Vorhang wird gleich aufgehen. Im dritten Akt kommt es zu Wahnsinn und Tod. Charles möchte wirklich gerne wissen, wie Lucias Geschichte ausgeht. Er sagt: »Laß uns doch noch hierbleiben!... Sie hat jetzt aufgelöste Haare, da wird es sicher tragisch.« Aber Emma denkt bereits nur noch an Léon. Sie verlangt launisch, daß man mit dem jungen Mann ein Eis essen geht. Charles gibt nach, daher können alle den dritten Akt nicht mehr sehen. Den sieht man dann später, auf einer anderen Bühne.

Als Erinnerung bleibt der Name von Donizettis Oper, *Lammermoor*, der so fatal nach »l'amère mort« (der bittere

Tod) klingt. Emma wird die Rolle der Lucia spielen, mit Arsen, am Ende des dritten Teils, der sehr schnell einsetzt, gleich nach dieser unvollendeten Episode im Theater...

Flaubert und sein Blick fürs Visuelle

PIERRE-MARC DE BIASI: Was, ganz allgemein gesagt, macht Ihrer Ansicht nach die Vorgehensweise möglich, die Sie für das Drehbuch gewählt haben, nämlich die Treue zum Text, dem Sie beinahe wörtlich folgen? Denn so kann man nicht mit jedem beliebigen Werk verfahren. Ich bin zum Beispiel nicht sicher, ob Sie bei einem Roman von Balzac genauso hätten vorgehen können. Gibt es Ihrer Meinung nach etwas bei Flaubert, das es ermöglicht, beinahe direkt vom Text zum Drehbuch überzugehen?

CLAUDE CHABROL: Ich will es Ihnen sagen. Wenn man den Plan faßt, das Werk eines großen Schriftstellers zu einem Drehbuch umzuformen, merkt man oft, wenn man sich in die Einzelheiten des Textes vertieft – und um einen Text zu »inszenieren«, ist oft das Detail wesentlich –, daß der große Schriftsteller eine Art Magier ist, daß sein Text von Zauberstückchen durchsetzt ist. Der gute Schriftsteller ist in der Lage, Illusionen zu wecken, und der Leser bemerkt nicht, daß ihm ein Streich gespielt wird. Aber in Wirklichkeit ist es oft unmöglich, das, was der Text uns erzählt, konkret in Bilder umzusetzen. Zum Beispiel befindet sich in der Erzählung, in einer bestimmten Szene, sehr oft eine Person am Fenster und gleichzeitig an einer anderen Stelle im Raum. Und das ist noch ein einfaches Beispiel, bei dem man eine Lösung finden könnte. Aber oft ist es noch viel schlimmer, und dann wird das Problem unlösbar. Nun muß der Drehbuchautor diese Zauberstückchen, die das Schreiben ermöglicht, bearbeiten, damit sie in Raum und Zeit machbar werden, damit man sie in Szene setzen kann... Wenn man zum Visuellen übergeht, kann man nicht mehr mogeln. Man muß die Dinge sehen können, man muß sie visuell rekonstruieren und sie zeigen. Und unter diesen Voraussetzungen können große Teile der Literatur nicht direkt auf die Leinwand gebracht werden, es ist einfach nicht machbar. Bei

Flaubert stellt sich dieses Problem fast nie. Man kann beinahe zentimetergenau die Schritte übernehmen, die eine Figur zurücklegen mußte, um vom Fenster zur Tür zu gehen, die Zeit, die sie dazu gebraucht hat, was in der Zwischenzeit passieren konnte usw.
Es ist einfach fabelhaft: Es gibt überhaupt kein Problem mehr bei der Adaption; die Grundlagen für die Regie sind bereits im Text enthalten.

PIERRE-MARC DE BIASI: Und wie erklären Sie sich das?

CLAUDE CHABROL: Ich erkläre das mit der Tatsache, daß Flaubert ein sehr visuell geprägter Schriftsteller war. Ich habe den Eindruck, daß seine literarische Kunst dem Film sehr nah ist. Sehr nahe an Dos Passos heranreicht... Und deswegen finde ich, daß Sartres Schwachsinn über Flaubert genau derselbe Schwachsinn ist, den er über Dos Passos geschrieben hat! Beide sind Künstler, die einen Blick fürs Visuelle haben. Der Beweis dafür ist, daß ich das Erzählte fast direkt ins Dramatische umsetzen konnte. Sehr oft genügt es, die Worte als den Grundstoff des Erzählens wiederaufzunehmen, um dieselbe Szene in Dialogform zu bringen, und das funktioniert sehr gut! Das ist geheimnisvoll, aber es ist so...

PIERRE-MARC DE BIASI: Dafür gibt es sehr tiefgehende Gründe. Bevor er sich ans Schreiben machte, verbrachte Flaubert sehr viel Zeit damit, über seiner Geschichte zu »dösen«, wie er es nannte. Er las, er sammelte Dokumente, er recherchierte, aber ohne, daß er etwas anderes niedergeschrieben hätte als erste Notizen über die Dokumentierung. Und ansonsten »träumte er seine Geschichte«. Er lag auf dem Bett, sah zur Decke und konstruierte sein Drehbuch. Er reihte die gedachten Szenen aneinander, das Auftreten der Personen, ihre Bewegungen und ihren Abgang, die Dialoge, das Dekor usw. Und erst wenn das alles in seinem Kopf fixiert war, wenn er den Film über das Kapitel, an dem er arbeitete, im Kopf abspulen konnte, machte er sich ans Schreiben des Entwurfs, der oft sehr fragmentarisch war, oft im Telegrammstil, aber ziemlich gut ausgearbeitet, voll von kleinen Einzelheiten; er nannte das übrigens sein »Szenario«. Aber später, wenn er versuchte, diesen Entwurf weiterzuentwickeln, um daraus den Text zu machen, ging er zu einer neuen, konkreteren Form der Visualisierung über. Im zweiten oder dritten Stadium des Neuschreibens wurde die Szene oft in Dialogform geschrieben, mit Angaben zu den Bewegungen der Figuren, ihrer Mimik, ihren Gesten usw. Er entwickelte den Bewegungsablauf, als ob es sich um die Inszenierung an einem Theater mit einer sehr ausgedehnten Bühne handelte. Er schrieb, indem er äußere Markierungen setzte, selbst die Position einnahm, die seine Figuren einnehmen würden, denselben Weg zurücklegte (und bestimmt dabei die Schritte zählte!) und seine Sätze laut herausschrie, um die Formulierungen zu finden, die sich am natürlichsten aussprechen lassen ... Und Sie haben recht, wenn Sie ans Kino erinnern: in diesem Stadium könnte alles sofort gedreht werden.

CLAUDE CHABROL: Großartig! Wissen Sie, genauso macht man ein Drehbuch! Zumindest sollte man es so machen!

PIERRE-MARC DE BIASI: Aber das ist noch nicht das Ende des Schreibprozesses. Das Theatermodell weicht, bis auf wenige Ausnahmen, dem Erzählmodell. Die Dialoge werden in die indirekte Rede oder sogar in die erlebte Rede übertragen oder in reines Erzählen umgeformt. Und nach drei oder vier Neufassungen ist das Theatermodell, ohne ganz verschwunden zu sein, in das Erzählsystem vollständig integriert. Und wenn Sie Ihr Drehbuch schreiben, entdecken Sie spontan wieder, was eine Schicht in der langsamen Sedimentation des Textes gewesen ist. Ihre Adaption hat etwas mit dem Hineintauchen in die Entstehung von Flaubers Text zu tun.

CLAUDE CHABROL: Das habe ich mir auch gedacht. Diese Arbeitsweise von Flaubert, die Sie da eben geschildert haben, gleicht genau der Vorgehensweise eines genialen Drehbuchschreibers.

PIERRE-MARC DE BIASI: Bei manchen Aspekten ist die Annäherung noch größer, zum Beispiel lassen bestimmte Projekte, die man in den *Carnets de travail*[1]) findet, unweigerlich an die Methode der Brüder Lumière denken: Flaubert macht sich die Mühe, sich für das phantastische Drehbuch eines sehr visuellen Feenstücks chinesische Schattenspiele auf einer durchsichtigen Leinwand im Hintergrund der Szene oder auf einem großen Spiegel, der Bilder auffängt, oder auf einer Bilderleinwand, die bis in den Vordergrund vorrückt und auf die sich die Träume der Figuren projizieren, vorzustellen... Es gibt eine ganze Reihe solcher Projekte, die übrigens den surrealistischen Film vorwegnehmen.

CLAUDE CHABROL: Diese Untersuchungen sind sehr faszinierend, und ich weiß, daß das in engem Zusammenhang mit dem steht, was man über Flauberts Ablehnung jeder Illustrierung seiner Werke weiß. Der Gedanke, daß jemand eine Zeichnung anfertigen könnte, um seine Texte zu illustrieren, machte ihn rasend! Und man muß zugeben, daß die Illustrierungsversuche, die nach seinem Tod und gegen seinen Willen durchgeführt worden sind, beweisen, daß er recht hatte. Aber ich glaube, für ihn handelte es sich dabei um eine prinzipielle Frage.

PIERRE-MARC DE BIASI: Ganz bestimmt! Es gibt im *Journal* der Goncourts einen ganzen Abschnitt zu diesem Thema. Das war zu einem Zeitpunkt, als Flaubert in sehr ernsten Geldnöten war; sein Verleger schlug ihm vor, eine illustrierte Luxusausgabe von *Trois Contes* (Drei Erzählungen) zu machen, die man zu einem hohen Preis zu den Festtagen am Jahresende verkaufen hätte können. Zola schlug als Illustrator Gustave Moreau vor, der ja wirklich kein Amateur und damals sehr bekannt war. Flaubert sprang wutentbrannt auf: »Niemals!« Genauso reagierte er bei dem Vorschlag, *Salammbô* zu illustrieren: »Was! Da soll der Erstbeste daherkommen und zeichnen, was ich zu verbergen versuche!« Die totale Ablehnung. Sie haben völlig recht, wenn Sie von einer prinzipiellen Frage sprechen...

---

1) Gustave Flaubert, *Carnets de travail*, kritische und entstehungsgeschichtliche Ausgabe, herausgegeben von Pierre-Marc de Biasi, Paris, Gallimard, 1988, Carnet 20.

CLAUDE CHABROL: Ich habe mir sicherheitshalber trotzdem alles angesehen, was es an historischen Illustrationen zu dem Roman gibt, einschließlich der Theaterbearbeitungen wie beispielsweise das Stück von Gaston Baty[1]), das übrigens zum Totlachen ist. Aber die Gründe, warum Flaubert jede Illustration ablehnte, sind wahrscheinlich rein cinematographischer Natur. Ich bin sicher, daß er sich wie ein Wilder auf die Kamera gestürzt hätte, wenn es sie zu seiner Zeit schon gegeben hätte. Er hat den Sinn fürs Filmische ... Um auf dieses Theatermodell zurückzukommen, das Sie in den Entwürfen entdeckt haben. Das Großartige daran ist, daß man es in der endgültigen Struktur des Textes wiederfindet, auch in den rein erzählerischen Teilen, und daß es sich nicht um irgendein beliebiges Theatermodell handelt, sondern um kurze Szenen, die in ihrer Kürze beinahe ohne Änderungen in ein Filmdrehbuch umgesetzt werden können. Es gibt eine Flaubertsche Aufteilung der Erzählung, die bestimmt eine Eigentümlichkeit dieser Schreibweise ist, und ich meinerseits habe etwas sehr Überraschendes entdeckt, nämlich, daß die Zahl der Einstellungen des Films *Madame Bovary* ungefähr doppelt so groß ist wie die Zahl der Einstellungen, die man gewöhnlich in einem Film dieser Größenordnung findet. Sie sind so zahlreich, weil einige sehr kurze darunter sind, die nur aus ein paar Bildern bestehen; das sind keine Szenen, sondern Szenenstücke, die beispielsweise einer Regieanweisung oder einer Reihe von Regieanweisungen entsprechen; aber aneinandergereiht ergeben diese kurzen Sequenzen eine Szene, die ihrerseits einer Romanseite entspricht. Im Grunde kommen wir damit wieder auf das Problem der Illustrierung zurück: Ich wollte dem inneren Rhythmus des Textes so dicht wie möglich folgen, ihn auf der Leinwand in seiner Stückelung wiedergeben, um so wenig wie möglich zu illustrieren.

PIERRE-MARC DE BIASI: Was Flaubert an dem Gedanken, man könnte seine Romane illustrieren, erschreckte, war vor allem die Unveränderlichkeit des graphischen oder photographi-

[1]) Gaston Baty inszenierte 1936 im Théâtre Montparnasse eine ziemlich umstrittene Theaterfassung in 19 Bildern von *Madame Bovary*.

Illustration einer Ausgabe von Madame Bovary *aus dem 19. Jahrhundert: Hochzeit auf dem Lande*

Eine Zeichnung von Alfred Richemont (1857–1911) – ebenfalls zur Illustration einer Ausgabe von Madame Bovary

Eine weitere Illustration – diesmal aus dem frühen 20. Jahrhundert: Eau-forte de Chessa

schen Bildes. Die Buchillustration ist die Interpretation eines einzelnen, die sich von außen her über den Text legt, die die Bedeutungen blockiert, die fixiert, was der Text ganz bewußt nicht fixieren sollte. Das war für Flaubert wohl unerträglich: daß ein Bild, auch wenn es schön ist, das Fließen der Empfindungen anhalten, das Dargestellte erstarren lassen könnte. Flaubert vergleicht das Lesen oft mit dem Traum. Der Leser muß den Text wie eine wirklich geträumte Partitur benutzen. Die Mobilität, der Fluß der Bilder, macht seiner Ansicht nach die unendliche Kraft der Literatur aus. Aber das Kino kommt dem Traum und dieser Mobilität der Bilder, die das Lesen hervorruft, ziemlich nahe.

CLAUDE CHABROL: Und deswegen bin ich überzeugt, daß Flaubert heute Drehbücher geschrieben hätte. Er hätte vielleicht auch Romane geschrieben, aber er hätte bestimmt fürs Kino schreiben und ganz sicher auch Filme machen wollen!

Historisch getreue Nachbildung

PIERRE-MARC DE BIASI: Sie haben Wert darauf gelegt, in einem historisch möglichst getreuen Rahmen zu drehen. Ausstattung, Kostüme und Accessoires wurde mit beispielhafter Genauigkeit studiert. Die historisch getreue Nachbildung ging sogar bis zur Veränderung der äußeren Kulisse von Lyons und bis zu Kostümen, von denen einige aus Stoffen aus der damaligen Zeit geschneidert wurden. Alles ist genau überprüft worden. Sie haben sich einer beeindruckenden Ikonographie bedient. Was bezweckten Sie mit diesem fieberhaften Forschen nach dem genauen Detail?

CLAUDE CHABROL: Wir hatten uns zur genauen historischen Nachbildung entschlossen, aber zugleich auch zur Zurückhaltung. Über diesen selbstgesteckten Rahmen bin ich nie hinausgegangen. Ich benutze dreihundert in Kostüme der Zeit gekleidete Personen, ich versuche, so genau wie möglich zu sein, aber ich versage es mir, auch nur eine Sekunde lang diesen Aspekt hervorzuheben: alles bleibt ganz natürlich. Um natürlich bleiben zu können, muß man stengstens aufs Detail achten und zugleich das Detail nachlässig behandeln. In der Tat ist das Störende an einer historisch getreuen Nachbildung nicht die Sache selbst, sondern die Tatsache, daß man sie betont, daß man gar nicht umhin kann, sie zu betonen. Die Kamera sagt einem: »Seht her, wie gut das gemacht ist!« Aber wenn man sich dazu zwingt, nichts zu betonen, funktioniert das ganz natürlich und wie von selbst. Man merkt es nicht einmal! Im Grunde war mein Ziel, daß das Publikum sich in dem Film so bald wie möglich darüber im klaren ist, in welcher Epoche er spielt.
Das 19. Jahrhundert ist in dem Film präsent, sozusagen auf den ersten Blick. Ich wollte nicht groß darauf hinweisen, das soll sich alles von ganz allein ergeben.

PIERRE-MARC DE BIASI: Übrigens bleibt das Historische in dem Roman ziemlich im Hintergrund, kaum, daß hier und da ein paar Spuren oder Auswirkungen auftauchen… Wie sind Sie damit umgegangen?

Jean-Louis Maury (Monsieur Lheureux), Isabelle Huppert, Christophe Malavoy

CLAUDE CHABROL: Die einzigen sichtbaren Zeichen, die einzigen Anhaltspunkte sind Dinge wie die Büste Louis-Philippes im Bürgermeisteramt und bei der Landwirtschaftsausstellung, und diese Büste wird dann logischerweise im entsprechenden Augenblick durch die von Louis-Napoléon ersetzt, ... aber das ist so ziemlich alles... Es gibt da natürlich auch die Reden während der Ausstellung...

PIERRE-MARC DE BIASI: Aber wie sind Sie – abgesehen von diesen historischen Anhaltspunkten, die in der Tat sehr rar sind, und den Reden der Offiziellen bei der Ausstellung – mit jenem anderen Diskurs umgegangen, ich meine den sehr fortschrittlichen gesellschaftlichen Diskurs, den Flaubert implizit hält, wenn er die Armen, die Sklaven, das Proletariat auftreten läßt. Ich denke da zum Beispiel an die Figur der Catherine Leroux, die für ihre 54jährige Dienstzeit belohnt werden soll. Sie erinnern sich, da gibt es eine Beschreibung der armen Alten, und dann diesen schrecklichen Satz: »So stand vor diesen festlich geschwellten Bürgern dieses halbe Jahrhundert Dienstbarkeit.«

CLAUDE CHABROL: Ich habe nicht versucht, die soziale Sichtweise wiederzugeben. Ich habe mich darauf beschränkt, die Person zu zeigen. Die Kleider, die Physiognomie sprechen für sich. Im Grunde traf ich hier dieselbe Entscheidung wie bei der Religionsfrage und der Polemik Homais – Bournisien: die Problematik des Proletariats, so wie sie von Flaubert behandelt wird – und zwar sehr hellsichtig, da haben Sie recht – gehört ins neunzehnte Jahrhundert. Wenn ich sie näher ausgeführt hätte, und wäre es nur eine Sekunde, wäre ich in die Falle getappt, von der wir vorhin gesprochen haben: ich hätte meine historisch getreue Nachbildung unterstrichen. Und genau das durfte ich auf keinen Fall tun. Stattdessen habe ich hier und da in die Bilder ein paar soziale Zeichen eingebracht. Zum Beispiel hält Rodolphes Diener sich immer hinter seinem Herrn, in einem Abstand, der eine Menge über die gesellschaftlichen Verhältnisse aussagt... Und ich habe mich von einer gewissen inneren Logik des historischen Details führen lassen. So hatte ich mir anfangs bei der Bearbeitung der letzten Seite für den Schluß überlegt, Homais' »Ehrenkreuz« in das der »Ehrenlegion« zu verwandeln. Ich hätte es beinahe gewagt, weil ich dachte, damit das Bewußtsein des Zuschauers besser anzusprechen... und dann hat mich irgendetwas dazu gebracht, wieder das »Ehrenkreuz« einzusetzen, ich weiß nicht genau, warum, irgendetwas hat mich dazu getrieben. Und ich habe recht gehabt, weil es sich nämlich dabei wirklich nicht um dasselbe handelt. Nachdem ich die Originalbezeichnung wieder übernommen hatte, habe ich mich informiert: Materiell gesehen handelt es sich durchaus um dieselbe Medaille, aber das »Kreuz« ist das Äquivalent zu unserem »Verdienstorden« und hat damit natürlich nicht dieselbe Bedeutung!

PIERRE-MARC DE BIASI: Die lange Ausstellungsszene ist, so sagt man, mit ganz besonderer Sorgfalt gedreht worden: Sie haben den Text Buchstabe für Buchstabe umgesetzt, wobei Sie, nehme ich an, Flauberts Montage der alternierenden Stimmen übernommen haben?

CLAUDE CHABROL: Ja, natürlich! Ich habe nicht nur das Prinzip der alternierenden Stimmen befolgt, ich bin ihnen sogar wortwörtlich gefolgt! Es sind die Stimmen des Textes, und ich habe die Schnitte da gemacht, wo auch Flaubert sie macht.

PIERRE-MARC DE BIASI: Und die Bilder? Wie haben Sie Ihre Kamera plaziert?

CLAUDE CHABROL: Oh! Ganz einfach! Die Bilder sind auf Lieuvain und dann auf Desroserays gerichtet, während sie ihre Rede halten, und zwischendurch streift die Kamera die Menge, zeigt die Leute. Die Kamera ist auf halber Höhe zwischen der versammelten Menge unten und den beiden Liebenden oben postiert.

PIERRE-MARC DE BIASI: Und man sieht die Menge nicht von Emma und Rodolphe aus, von oben also?

CLAUDE CHABROL: Doch, natürlich! Aber diese Perspektive gibt es nur ein einziges Mal, genau wie im Text...

PIERRE-MARC DE BIASI: Und wie gehen Sie mit dem Rhythmus in dieser Szene um? Das war für Sie doch sicher ein riesiges Problem...

CLAUDE CHABROL: Wir haben viel über den Rhythmus der Ausstellungsszene nachgedacht. Was die Kamera betrifft, so wird Rodolphe während der aufeinanderfolgenden Einstellungen auf die beiden da oben gegenüber Emma immer zudringlicher, das heißt, die Einstellungen auf Rodolphe und Emma werden immer komprimierter. Ich glaube, der visuelle Effekt kommt ganz gut. Genauso wechseln sich die Einstellungen auf die Menge unten und auf das Paar oben immer schneller ab. Auch in Flauberts Text gibt es eine Beschleunigung, ein immer rascheres Skandieren, wir mußten uns nur daran halten...

Beschreibung

PIERRE-MARC DE BIASI: Ich würde jetzt gerne auf zwei grundsätzliche Fragen zu sprechen kommen: Wie sind Sie das Problem der Beschreibungen im Text angegangen und wie sind Sie in diesem Zusammenhang mit jenem Charakteristikum des Romans umgegangen, das man die »Herrschaft des Objekts« nennen könnte?

CLAUDE CHABROL: Das ist eine sehr wichtige Frage. Fangen wir mit der Beschreibung an. Meiner Meinung nach gibt es zwei Arten von Beschreibungen in *Madame Bovary.* Da sind zunächst die Schilderungen der Umgebung, der Szenerie, in der sich die Personen bewegen, und hier gehe ich in keiner Weise anders vor als beim Drehbuchschreiben: es sind eben die Drehorte, die Orte, die nach Anhaltspunkten im Text ausgesucht werden etc. Kurz, diese Ortsbeschreibungen sind da, ohne daß man sie aussprechen müßte. Sie gehören in den Bereich der Beschwörung der Situation und dürfen nicht unterstrichen werden, immer nach dem Prinzip der diskreten Genauigkeit. Vor diesem Hintergrund müssen sich jedoch einige Dinge abheben: zum Beispiel Objekte, die zu einem symbolischen Arrangement gehören, nämlich dem der

Schicksalhaftigkeit. Also versuche ich solche Objekte doppelt zu unterstreichen: zum einen, wenn sie eingeführt werden, wenn man sie zum erstenmal sieht, zum anderen, wenn sie ihr Ziel erreichen. Und ich richte es so ein, daß man den Weg, der sie vom einen zum anderen führt, ihren Weg innerhalb der Geschichte, implizit nachvollzieht. Bei einigen Objekten dieser Art ist das ziemlich leicht: die Reitpeitsche, zum Beispiel; bei anderen ist es ein bißchen schwieriger: zum Beispiel Léons Veilchenstrauß... In der Tat bringt jedes dieser Objekte ein anderes Problem mit sich, aber der Text bietet jedesmal eine passende Lösung an. Ich habe mir ein kleines persönliches Lexikon für diese Objekte angelegt und greife von Fall zu Fall auf den Text zurück... Im großen und ganzen habe ich den Eindruck, daß ich die Frage ganz gut gelöst habe. Dagegen gibt es auch Fälle, wo die Umsetzung eines symbolischen Objekts ganz unmöglich zu realisieren ist. Da ist zum Beispiel jenes Detail, auf das mich dieser nette Journalist von *Le Monde* (Michel Lacoste) hingewiesen hat, der den Artikel in der Rubrik »Arts-Spectacles« am 29. November geschrieben hat. Er war sehr beeindruckt – genaugenommen sogar »besessen« – von Emmas Korsettschnur, die ihr »wie eine gleitende Natter um die Hüften zischt«, wenn sie sich vor Léon auszieht. Gut! Ich habe mich redlich bemüht, ihm die Freude zu machen, ich wollte sehen, ob man diese schlangenartig zischende Schnur hinbekommen könnte. Wir haben alles versucht, aber es ging wirklich nicht! Auf der Leinwand wirkt das einfach lächerlich. Aber andererseits hat mir derselbe Journalist bei einem anderen Detail einen außerordentlich großen Dienst erwiesen. Ich hatte absichtlich weggelassen, wie Emma am Schluß das Kruzifix küßt. Wegen *Eine Frauensache* bekam ich mit der Kirche einige Scherereien. Und die wollte ich diesmal umgehen. Deshalb hatte ich den Kuß aufs Kruzifix einfach ausgeklammert. Der Journalist hat mich beschämt, und ich habe den Kuß wieder aufgenommen. Er hatte wirklich recht, ich hätte auf den Text vertrauen sollen. Die Einstellung hat etwas irrsinnig Schmutziges, das ist wahr, aber warum eigentlich? Was ist daran so schmutzig? Wir sind verrückt, nicht der Kuß aufs Kruzifix...

Isabelle Huppert

Jean-François Balmer, Isabelle Huppert

PIERRE-MARC DE BIASI: Als ich Ihnen die Frage nach den Beschreibungen stellte, dachte ich dabei nicht nur an Objekte, sondern zum Beispiel auch an die Naturschilderungen, die ja nicht alle in die Kategorie »Heraufbeschwören der äußeren Umgebung« passen …

CLAUDE CHABROL: Ja, die Naturbeschreibungen sind sehr wichtig, aber ich hatte das Glück, an den Originalschauplätzen drehen zu können. Wenn der Text zum Beispiel vom Wald von Argueil spricht, drehe ich in diesem Wald, und ich behaupte, daß Lyons viel Ähnlichkeit mit Yonville hat … In einigen Fällen war ich allerdings gezwungen zu mogeln, aber im wesentlichen waren meine Bezugspunkte dieselben wie bei Flaubert.

PIERRE-MARC DE BIASI: Haben Sie Einstellungen reiner Landschaftsschilderung gemacht, dort, zum Beispiel, wo der Roman uns ein Stück Landschaft zeigt?

CLAUDE CHABROL: Für mich sind die Landschaften in dem Roman sehr expressiv. Sie sind immer an eine Perspektive gebunden, meistens an die von Emma, und sie dienen dazu, einen inneren Zustand auszudrücken. Es handelt sich also nicht nur einfach um schmückendes Beiwerk, aber man muß sie auch nicht um ihrer selbst willen umsetzen … Es kann allerdings vorkommen, daß die Natur präsent ist, einfach so, um ihrer selbst willen. Natürlich! Nehmen Sie zum Beispiel Rodolphes kleinen Monolog: »Ah! Ich werde sie haben, diese kleine Frau, ich werde sie haben …«, und darüber habe ich eine reine Natureinstellung gelegt. Dämmerungsstimmung, die Sonne, wie sie hinter den Dächern versinkt, sonst nichts … Eine sehr kurze Einstellung, aber sie entspricht in etwa dem, was Sie von den reinen Naturschilderungen gesagt haben … Ja, davon gibt es ein paar im Film. Und da ist auch das Beispiel von dem Unterholz, in der Szene mit Emma und Rodolphe. Es genügte, die Kamera davor aufzubauen, und schon entsprach das Bild der Schilderung von Flaubert … Und genauso habe ich es gemacht: ich habe einfach den Film laufen lassen. Das ist eine Schilderung am Motiv, reine Natur!

PIERRE-MARC DE BIASI: Es gibt ein paar schöne Stellen in der *Korrespondenz* zu diesen Wäldern. Als Flaubert diese Passage geschrieben hat, als er selbst durch diese Landschaft gegangen ist, um Emmas Ritt durch den Wald zu schildern, ist ihm etwas Unerhörtes passiert: er hat einen Moment lang eine Art Entpersönlichung erfahren, und er erlebte, daß er die Natur nicht nur wie seine Romanfiguren sah, sondern daß er mit ihnen verschmolz. Er war Emma und – noch stärker – die Natur selbst: die Pferde, die Bäume, der Wald und das Licht, das durch das Laub fiel!

CLAUDE CHABROL: Ich kann mir das leicht erklären. Wie Sie selbst vorhin sagten, beobachtete Flaubert die Dinge mit den Augen seiner Figuren. Er war dann in höchster Erregung, und um schreiben zu können, mußte er die Perspektive seiner Helden übernehmen. Derjenige, oder vielmehr diejenige, die sieht, ist Emma in Gustave – Emma, das bin ich, in diesem Fall muß man das sagen! Welche Rolle spielen diese Wälder? Sie hüllen sie ein, sie beschützen sie, sie decken sie: sie sind die Vertrauten von Emma und Rodolphe. Sie beschützen ihre Liebe. Auch ich selbst habe diese Wälder so empfunden… Es ist merkwürdig, daß die früheren Versionen das nicht gefühlt haben. Für mich jedenfalls ist das ganz wichtig. Es ist ein großartiges Zeichen dafür, wie sich die Sitten geändert haben.

Isabelle Huppert, Christophe Malavoy

Christophe Malavoy, Isabelle Huppert

Das Delirium

PIERRE-MARC DE BIASI: Es gibt einen besonders starken Moment in der Erzählung, der mir für eine Inszenierung besonders schwierig zu sein scheint: der Augenblick des Deliriums, unmittelbar vor Emmas Selbstmord. Ich frage mich, wie Sie es geschafft haben, dieses Problem zu lösen oder zu umgehen. Es ist dies ein Augenblick völliger Zerrissenheit im Text. Emma, ruiniert, von der Pfändung bedroht, ist zu ihrem ehemaligen Liebhaber Rodolphe gegangen, um ihn um die dreitausend Francs zu bitten, die sie retten würden. Er hat sie nicht. Sie läuft weg, fühlt, daß die Falle zuschnappen wird. Der Raum um sie beginnt, sich zu bewegen. Im Text heißt es: »Die Wände schwankten, die Decke drohte sie zu erdrücken.« Es gelingt ihr, durch das Gittertor zu kommen, sie zerbricht sich die Fingernägel am Schloß, dreht sich noch ein letztes Mal um, stürzt dann ins Leere.
Ich zitiere:

»Wie erstarrt stand sie da, nichts anderes von sich selber empfindend als das Hämmern des Blutes in ihren Adern, das ihr auf das ganze Land ringsumher überzugehen und es mit einer betäubenden Musik zu erfüllen schien. Der Boden unter ihren Füßen schwankte weich wie eine Woge, und die Furchen der Felder waren wie endlose braune Wellenkämme, die gegen sie anrollten. Alles, was sie an Erinnerungsbildern im Kopf hatte, sprang auf einmal heraus, gleich den tausenderlei Figuren eines Feuerwerks. (...) War das Wahnsinn? Ihr wurde angst (...) Die Nacht brach herein, Krähen flogen. Es schien ihr plötzlich, als sausten feurige Kugeln durch die Luft, die, sich abflachend, kreisten, um schließlich zwischen den kahlen Ästen der Bäume niederzusinken und im Schnee zu zergehen. Inmitten einer jeden erschien Rodolphes Gesicht. Sie wurden immer zahlreicher, kamen immer näher, drangen auf sie ein. Plötzlich war alles verschwunden. Sie erkannte die Lichter der Häuser.«

Danach beginnt Emma ohne Übergang zu laufen, sie stürzt in das Hinterzimmer des Apothekers und schluckt das Arsen. Diese halluzinatorische Erfahrung ist die direkte Ursache für den Selbstmord. Wie haben Sie diese erschreckende Passage umgesetzt?

CLAUDE CHABROL: Oh ja! Das ist ein großartiger Moment, aber leider konnte ich ihn nicht so umsetzen, wie er ist. Hier wird der Punkt erreicht, wo Literatur und Film in unvereinbaren Dimensionen arbeiten. Man kann diese Art literarischer Fiktion nicht bildlich umsetzen...

PIERRE-MARC DE BIASI: Aber es handelt sich doch gerade *nicht* um eine Fiktion! Hier kopiert Flaubert beinahe Wort für Wort, was er an anderer Stelle über eine Erfahrung sagt, die er 1844 bei seiner Nervenkrise erlebte! In seinem Brief an Taine vom 1. Dezember 1866 findet er genau dieselben Ausdrücke wie in dem Roman, als er versucht, die Halluzination zu definieren. Ich zitiere ein paar Zeilen, denn es ist wirklich erstaunlich:

»Hier also, was ich empfunden habe, wenn ich Halluzinationen hatte (...) Dann plötzlich wie ein Blitz Überflutung oder vielmehr augenblicklicher Einbruch *des Gedächtnisses* (...), es ist eine Krankheit des Gedächtnisses, eine Erschlaffung dessen, was es in sich birgt. Man fühlt, wie Bilder aus einem entweichen wie Ströme von Blut. Man hat den Eindruck, daß alles, was man im Kopf hat, gleichzeitig zerbirst wie tausend Feuerwerkskörper, und man hat nicht die Zeit, diese inneren Bilder zu betrachten, die mit rasender Geschwindigkeit vorüberziehen. Unter anderen Umständen beginnt es mit einem einzigen Bild, das immer größer wird, sich entwickelt und schließlich die objektive Wirklichkeit einhüllt, wie zum Beispiel ein Funke, der aufzuckt und zu einem lodernden Brand wird...«

Die Ähnlichkeit der Texte ist faszinierend, finden Sie nicht? Es sind dieselben Worte wie in *Madame Bovary*. Sie sehen also, daß es sich nicht um literarische Fiktion handelt... Aber das heißt natürlich nicht, daß es leicht oder überhaupt möglich ist, diese Schilderung des Deliriums in Szene zu setzen...

CLAUDE CHABROL: Ich hätte es versuchen können, aber ich versichere Ihnen, das ist völlig unmöglich. Ich habe diese ganze

Halluzinationsszene durch den Wechsel von Bewegung und Stillstand ersetzt. Aus einem ganz einfachen Grund: der Eindruck, den man beim Lesen des Textes hat, könnte bei einer bildlichen Umsetzung nur durch starke visuelle Deformationen erreicht werden. Mauern, die zusammenrücken, platzende Feuerkugeln, ein Boden, der vor den Schritten zurückweicht usw. sind, ob erlebt oder nicht, literarische Fiktionen. Es ist eine Sache, wenn man es liest, und eine ganz und gar andere, wenn man es zeigt. Wenn man es bildlich zeigen will, sieht man nicht die geistige Verwirrtheit, sondern sichtbar wird die Methode!

PIERRE-MARC DE BIASI: Und genau deshalb habe ich mich gefragt, wie Sie wohl diesen Augenblick des Deliriums bearbeitet haben!

CLAUDE CHABROL: Ich habe Ihnen schon gesagt, ich habe versucht, das Problem zu lösen, indem ich mit heftigen Kontrasten spielte: Emma rennt völlig außer Atem, und einen Augenblick später ist sie völlig bewegungslos. Die Nacht bricht herein, es ist dunkel, und kurz danach wird sie von Licht überflutet, als sie hinter Homais' Fenster steht. Ich habe die Abläufe immer stärker beschleunigt.

PIERRE-MARC DE BIASI: Also haben Sie die Halluzination, auch indirekt, völlig außer acht gelassen: das Zerplatzen der Lichtkugeln, das Gefühl, Blut zu verströmen, die Ackerfurchen, die zu Wellen werden ...?

CLAUDE CHABROL: Ja, das war unmöglich ins Bild zu setzen. Es gibt da keine Lösung, das Ganze wird immer zur Methode. Ich habe stattdessen versucht, Emmas Geistesverfassung indirekt spüren zu lassen. Zum Beispiel ganz am Anfang der Szene, als es in ihrem Kopf losbricht, das heißt, als Rodolphe ihr die Kohle verweigert, ist mir ein visueller Coup gelungen: Emma befindet sich vor dem grünen Hintergrund von Rodolphes Zimmer ganz groß im Bild. Hier hat es genügt, daß sie sich ein ganz klein wenig zur Seite bewegte, um sich plötzlich von dem roten Hintergrund des Bettes abzuheben. Und dieser rote Hintergrund reicht schon, um plötzlich, visuell gesehen, auf der Leinwand eine Art Schwindelgefühl zu erzeugen. Hier hat man beim Kino der Literatur gegenüber ein paar, wenn auch bescheidene, Vorteile ... Also, diesen Schwenk zum Rot, dann, ohne Übergang, die Flucht und die Einnahme des Arsens, all das habe ich sehr brüchig, sehr ruckhaft umgesetzt. Aber dies ist auch ein Moment, in dem die Darstellungskunst der Schauspielerin eine entscheidende Rolle spielt. Isabelle nimmt die ganze Leinwand ein. Und nicht zu vergessen der Ton, der in diesem schwindelerregenden Augenblick auch eine wichtige Rolle spielt.

Das Anleiten der Schauspieler

PIERRE-MARC DE BIASI: Sie haben mir gesagt, wie wichtig für Sie die Wahl der Schauspieler war. Isabelle stand von Anfang an fest, und alle hatten im Grunde miteinander gemeinsam, daß sie Ihre Leidenschaft für Flaubert, ihren Wunsch, *Madame Bovary* textgetreu zu verfilmen, teilten. Aber bei den Dreharbeiten mußten sie ihre Rolle wohl oder übel »interpretieren«. Ich wüßte gern, welches Konzept Sie für Ihre Arbeit mit den Schauspielern hatten.

CLAUDE CHABROL: Wie Sie schon sagten, war für mich die Wahl der Schauspieler vor Beginn der Dreharbeiten das Wichtigste. Ich habe viel mit den Schauspielern diskutiert, bevor ich sie engagiert habe. Ich wollte nur Schauspieler, die eine intensive Beziehung zum Text hatten. Wir mußten uns über bestimmte, grundlegende Prinzipien des Films völlig einig sein. Danach war alles klar. Meine Rolle beschränkte sich darauf, den Schauspielern zu helfen, daß sie sich während der Dreharbeiten rundum gut fühlten.

PIERRE-MARC DE BIASI: Ist es vorgekommen, daß Sie mit der Betonung eines Dialogs, mit einer Bewegung, einem Gesichtsausdruck überhaupt nicht einverstanden waren?

CLAUDE CHABROL: Nein, ich glaube nicht. Wissen Sie, der Schauspieler ist selbst für sein Spiel verantwortlich. Inszenieren heißt, sich den Schauspielern und der Wahl, die sie in dem Augenblick treffen, wo sie vor der Kamera stehen, zur Verfügung zu stellen. Natürlich kann man über ein paar ganz einfache Fragen diskutieren, zum Beispiel über die Gestik, aber das ist auch alles. Das Wichtigste ist, daß sich der Schauspieler in dem Film so wohl fühlt wie ein Fisch im Wasser. Man muß ihm die Sicherheit geben, daß die Mittel, die er gewählt hat, richtig sind. Aber wissen Sie, es war eine unerhörte Chance, daß wir die von Flaubert geschriebenen Dialoge hatten. Gustave hatte alles schon ausprobiert, und das merkt man. Rede und Antwort kommen wie von allein. Das ist alles logisch, es stimmt und läßt sich ganz natürlich aussprechen!

Isabelle Huppert, Christophe Malavoy

Isabelle Huppert

PIERRE-MARC DE BIASI: Offensichtlich... Hat es beim Drehen nie ein Problem der Homogenität im Spiel gegeben? Immerhin waren Sie für die Einheit von Erzählung, Rhythmus und Aussprache verantwortlich.

CLAUDE CHABROL: Ja, natürlich, aber all das läuft in der Praxis darauf hinaus, daß man die Schauspieler in die Logik des Drehbuchs eindringen läßt. Sie haben sicherlich recht mit Ihrer Frage nach der Homogenität. Das ist Technik, das hängt von den Schauspielern ab. So wird eine Schauspielerin wie Isabelle bei mehreren Takes nichts, oder fast nichts, an ihrem Spiel ändern. Ihr Spiel ist gut, sie weicht nicht davon ab, sie vertieft es höchstens. Ein Darsteller wie Jean-François Balmer dagegen wird bei jedem neuen Take eine Szene anders spielen, selbst wenn die erste Interpretation sehr gut war. So ist es eben. Das führt übrigens manchmal zu großen Überraschungen. Aber wenn Isabelle und Jean-François zusammen spielen, muß man eben eine Übereinstimmung finden, denn die eine bleibt bei ihrer Haltung, der andere verändert sie. Und das ist dann die Arbeit beim Drehen; beides miteinander in Einklang zu bringen. Aber ein Anleiten der Schauspieler verstehe ich eigentlich darunter nicht. Das Anleiten besteht eher darin, eine gemeinsame Orientierung zu finden.

PIERRE-MARC DE BIASI: Sie haben gerade von »Überraschungen« gesprochen. Können Sie mir dafür ein Beispiel nennen?

CLAUDE CHABROL: Nun, zum Beispiel hat mich Christophe Malavoy überrascht. Christophe ist ein Schauspieler, der meistens sehr in die Tiefe spielt. Sein Spiel beruht im allgemeinen nie auf »Tricks« durch den Ausdruck oder die Physiognomie. Hier hat er für Rodolphe einen »Trick« angewendet, nur einen, aber einen sehr wichtigen: den Magnetismus. Er hat den Verführer gespielt, der die Gabe des Magnetismus besitzt. Eine Art betörender, unwiderstehlicher Animalität. Das tat er gewöhnlich nicht. Ich hatte es nicht vorgesehen, aber es war genau das Richtige.

Der Bildschnitt

PIERRE-MARC DE BIASI: Wie weit sind Sie mit der Fertigstellung des Films?

CLAUDE CHABROL: Als wir uns im November das letzte Mal gesehen haben, waren wir gerade beim Schneiden. Seit heute morgen sind wir damit fertig. Jetzt bleibt noch der Tonschnitt: mindestens zwei Monate Arbeit... Der Film kommt am 3. April in die Kinos.

PIERRE-MARC DE BIASI: Haben Sie beim Bildschnitt ein paar Minuten gewinnen können? Sie sagten mir neulich, daß Sie hier und da noch etwas würden kürzen müssen...

CLAUDE CHABROL: Ja, der erste Bildschnitt ergab 2 Stunden 37 Minuten. Wir haben von einer Sequenz ein Stück von 22 Sekunden weggenommen, und dann haben wir überall ein bißchen gestrafft, um schließlich beim zweiten Schnitt auf 2 Stunden 22 Minuten zu kommen. Eine geringfügige Straffung um Minuten.

PIERRE-MARC DE BIASI: Und wie viele Filmmeter haben Sie insgesamt für den Schnitt verbraucht? Verdrehen Sie viel?

CLAUDE CHABROL: Nein, ich verbrauche nicht viel Material, ich verbrauche gerade so viel wie nötig... Um Ihnen eine genauere Vorstellung davon zu geben: Der fertige Film besteht aus etwas mehr als 5000 Metern Material, und insgesamt haben wir 30 000 Meter verbraucht. Sie sehen, 400 Meter in 12 Minuten, das sind ungefähr 15 Stunden Film für einen Endschnitt von 2 Stunden und 22 Minuten. Ich drehe nur soviel, wie ich brauche, wobei ich schon eine sehr genaue Vorstellung vom Schnitt habe... Sehen Sie, in Zahlen: der Gesamtmaterialverbrauch steht zum geschnittenen Film im Verhältnis 1 zu 6. Weniger geht kaum!

PIERRE-MARC DE BIASI: Und diese Sequenz von 22 Sekunden, die Sie gestrichen haben, worum handelt es sich dabei?

CLAUDE CHABROL: Ah, das ist interessant! Wissen Sie, einen Film dieser Länge muß man so stark wie möglich straffen. Überlegen Sie mal, zweieinhalb Stunden! Also sucht man überall, wo man etwas streichen könnte, und das ist sehr gesund! Das zwingt einen, ebenso streng zu sein wie der alte Flaubert, wenn er seine Alliterationen, seine unnötigen stilistischen Füllwörter usw. rauswarf. Ich habe ein Stück von einer Sequenz gestrichen, weil mir das 22 Sekunden brachte, aber vor allem, weil die Passage logisch und formal sehr störend wirkte. Und das konnte ich wirklich erst beim Schneiden merken. Es handelt sich um eine Szene mit Emma, Charles und ihrer Kleinen sowie mit Léon, der sie ansieht und sich zu ihrer Situation Fragen stellt. Die Sequenz war gut und auch gut gedreht, aber ich spürte, daß da irgendetwas nicht stimmte, ohne zu wissen, warum. Und als ich den Schnitt sah, wußte ich es plötzlich: mit seiner Position als »Zuschauer« brachte Léon ganz einfach eine andere Perspektive in den Film ein. Man begann, mit Léons Augen zu sehen, eine Perspektive, die sonst nirgends in dem Film vorkommt, weder vorher noch nachher. Und das ging wirklich nicht, das war unmöglich. Also habe ich es einfach gestrichen.

Madame Bovary, und danach?

PIERRE-MARC DE BIASI: Nach jahrelangem Zögern haben Sie also die Schwelle übersprungen: in drei Monaten wird *Madame Bovary* in unsere Kinos kommen; und nach allem, was Sie mir darüber erzählt haben, verspricht der Film ein kleines Kunstwerk zu werden. Wird es dabei bleiben, oder denken Sie daran, noch ein anderes Flaubert-Werk zu verfilmen?

CLAUDE CHABROL: Oh nein, nein! Dabei bleibt es! Oder vielleicht... nun ja... das ist sehr schwierig zu sagen... man muß sich das wirklich sehr genau überlegen... Oder mein letzter Film wird *L'Education sentimentale*! Aber...

PIERRE-MARC DE BIASI: Ah ja! Das wäre doch eine großartige Idee!

Bei den Dreharbeiten

CLAUDE CHABROL: Ja, aber das ist noch schwieriger! Weil es noch schwerer verdaulich ist... aber... sehen Sie, es ist sehr schwer, daraus einen Film zu machen: man müßte so etwas wie *Die Französische Revolution* daraus machen, in zwei Teilen, oder irgend sowas...

PIERRE-MARC DE BIASI: Und warum nicht?

CLAUDE CHABROL: Produzieren Sie es!

PIERRE-MARC DE BIASI: Ich werde darüber nachdenken!

CLAUDE CHABROL: Man kann ja mal davon träumen! Zum Beispiel, wenn Marin mit *Madame Bovary* viel Geld verdient, was ich sehr hoffe, und wenn ich dann, irgendwann in ein paar Jahren, wieder ein oder zwei dicke Reinfälle erlebt habe, dann ist es durchaus möglich, daß ich mir sage: »Los, jetzt werd' ich mich mit der *Education* wieder aufbauen! Das ist ein Projekt!« Dann könnte ich mich vielleicht nochmal hineinstürzen! Aber wie Sie sehen, gibt es da ziemlich viele »Wenns«. Und wenn die Sache jemals gemacht würde, weiß ich wohl, daß das ein verrücktes Unterfangen wäre, ausgesprochen tollkühn! Übrigens, haben Sie *Bouvard und Pécuchet* von Carrière gesehen?

PIERRE-MARC DE BIASI: Ja, ich habe ihn gesehen... Hat Sie der »tollkühne Film« darauf gebracht? Ich habe ihn gesehen, aber... ich kann nicht sagen, daß er mich sehr gefangengenommen hätte...

CLAUDE CHABROL: Ja und nein! Ich sehe das wie Sie... Hier ist folgendes geschehen: Der Film enthält, abgesehen davon, daß es an Mitteln fehlte, gewisse Häßlichkeiten, die nicht sehr zu Flaubert passen... Meines Wissens ist Flaubert niemals häßlich... Und dann ist da auch etwas in Carrières Adaption, was mich nicht ganz überzeugt hat, und zwar seine Arbeitshypothese der Untergliederung! Er hat die Erzählung abschließen und ad acta legen wollen, während das absolut Herrliche an *Bouvard und Pécuchet* gerade darin besteht, daß es unvollendet ist: äußerlich – aber auch in sich unvollendet. Es wäre auf jeden Fall unvollendet geblieben, das ist ganz offensichtlich. Dieses Buch kann man nicht abschließen, vollenden!

PIERRE-MARC DE BIASI: Ich habe Carrières Adaption öfters illustrativ gefunden, zu sehr bemüht, auf die Erzählung anzuspielen und weniger, sie ins Bild umzusetzen...

CLAUDE CHABROL: Genau! Das ist das Heikle an der Sache!

PIERRE-MARC DE BIASI: Also wäre da auch noch über einen *Bouvard* nachzudenken!

CLAUDE CHABROL: Hm... Da weiß ich wirklich nicht, ob man das spielen kann! Die *Education* dagegen... Aber das ist ganz genau dasselbe! Da muß man zuerst einen Frédéric finden, und zwar einen wirklich außergewöhnlichen Frédéric! Es hat eine Bearbeitung des Romans fürs Fernsehen gegeben, erinnern Sie sich, sie war ein bißchen merkwürdig, aber da spielte ihn Jean-Pierre Léaud... Gut, wirklich gut, der Rest taugte nicht viel, aber er als Frédéric war wirklich gut!

PIERRE-MARC DE BIASI: Ja, Léaud ist ein Darsteller erster Güte, aber vielleicht war er ein klein wenig zu *nervös* für die Rolle des Frédéric, meinen Sie nicht? Frédéric ist ein Weichling...

CLAUDE CHABROL: Das stimmt... Aber da ist noch etwas, was mir riesigen Spaß machen würde, ein Thema, das mich fasziniert, und zwar die Beziehungen zwischen Gustave Flaubert, Maxime Du Camp und Louis Bouilhet! Hier müßte man alles selbst gestalten, aber das wäre großartig! Bouilhet habe ich seltsamerweise als Schriftsteller kennengelernt, weil ich während des Krieges alles las, was ich finden konnte. Und ich entdeckte wunderbare Bücher in der Bibliothek eines Notars, der eine ziemlich umfangreiche Sammlung von Bänden aus dem neunzehnten Jahrhundert besaß. Damals habe ich *Madame Bovary* gelesen, ich habe es Ihnen bereits erzählt, und ein bißchen später habe ich Bouilhets Werke verschlungen. Ich erinnere mich nicht mehr sehr genau an die Werke, aber ich erinnere mich, daß sie mir sehr gut gefielen. Und was Maxime Du Camp betrifft, so gefällt mir seine Persönlichkeit, weil ich glaube, daß Flaubert nie ermessen konnte, wie abgrundtief Maxime ihn haßte. Darüber müßte man etwas machen: über Du Camps Haß und Erniedrigung. Man müßte seine Zerstörungswut von A bis Z zeigen, einen Abscheu, der sehr früh beginnt: er war es, der Flaubert 1849 empfahl, seine *Versuchung des Hl. Antonius* zu verbrennen! Stellen Sie sich das vor! Obwohl Flaubert noch nichts veröffentlicht hatte! Sieben Jahre später ist wieder er derjenige, der versucht, *Madame Bovary* zu sabotieren, indem er verlangt, für die erste Publikation in der *Revue de Paris*, deren Herausgeber er ist, ganze Teile des Romans wegzulassen! Und so sollte es jahrelang weitergehen ... großartig, nicht?

Fragen der Perspektive

PIERRE-MARC DE BIASI: Noch eine halb literarische, halb technische Frage: Alle Ihre Äußerungen scheinen auf eine Konzeption des Films hinauszulaufen, die das Flaubertsche Prinzip der entpersönlichten Charaktere ernstzunehmen scheint. Sie wollten in Ihrer Filmbearbeitung nichts andres zeigen als das Werk selbst. Ihre Kunst besteht darin, daß Sie versuchen, ein Filmwerk vom selben Gewicht zu machen wie es Flaubert in der Literatur gelungen ist. Und um das zu erreichen, haben Sie beschlossen, die Flaubertsche Poetik buchstabengetreu anzuwenden, Sie haben sich bemüht, eine Art visuelles Äquivalent zu seiner Schreibtechnik zu finden. Wie haben Sie in diesem Zusammenhang das ganz offensichtlich zentrale Problem der Perspektiven gelöst? Wie haben Sie den Platz Ihrer Kamera bestimmt? Wessen Sichtweise wird gezeigt? Von wo aus sehen wir die Ereignisse in Ihrer eigenen Erzählung?

CLAUDE CHABROL: Das ist eine gute Frage, auf die es eine noch bessere Antwort gibt! Wenn in dem Buch der Blickwinkel als einer gewissen Person zugehörig erkannt wird, respektiere ich diese Angabe. Wenn der Blickwinkel nicht erkannt oder angegeben wird – was im Text ziemlich häufig vorkommt, sehr viel häufiger jedenfalls, als es die Literaturkritik vermerkt –, erlaube ich mir, mich so zu entscheiden, wie es für mich am leichtesten ist: in der Praxis wähle ich dann eine objektive Perspektive, eine einfache Position des Kamera-Auges, das in der Objektivität schwebt, und einen subjektiven Blickwinkel, der mir die nachfolgende Sequenz erleichtert.

PIERRE-MARC DE BIASI: Können Sie mir dafür ein oder zwei Beispiele nennen?

CLAUDE CHABROL: Hm! Das ist nicht leicht... Warten Sie... Ja, ich habe da ein Beispiel, ein ganz gutes sogar! Bei Emmas Tod gibt es da einerseits eine rein subjektive Perspektive, die beschreibt, was sie sieht und hört, während sie stirbt, und fast gleichzeitig im Text – wirklich ganz übergangslos, in Flauberts Satz läuft das zusammen ab – eine beinahe objektive Beschreibung der Leute, die sich in dem Raum aufhalten, was sie tun, wo sie sich befinden... Bei derartigen Problemen gibt einem die Kamera eine gewisse Freiheit: mit Hilfe gewisser »Tricks« – es gibt kein anderes Wort dafür – kann man nötigenfalls eine beinahe objektive Beschreibung mit der größtmöglichen Subjektivität erzielen. In diesem speziellen Fall waren auf einer Seite Emma und rund um sie herum die Leute in dem Zimmer. Ich habe eine Einstellung mit Emma im Profil, im Vordergrund liegend, gemacht, die anderen Personen stehen und befinden sich etwas mehr im Schatten. Dadurch wird das Problem des Zugangs zur Subjektivität der Heldin (ihr Gesichtsausdruck ist im Vordergrund zu sehen) und die Frage nach einem objektiven Blick auf ihre Umgebung gelöst... Aber das ist noch nicht alles, die Perspektive beschränkt sich nicht auf diesen Gegensatz von Objektivität und Subjektivität. Gleich nach dieser Einstellung kommt ein Moment, wo Charles zu ihr hinstürzt – man behält denselben Blickwinkel bei – und sie ihm seufzend übers Haar streicht: »Ja... freilich... du bist gut... du!« und im Text stehen da fünf Zeilen, die sicher zu den schönsten gehören, die Flaubert je geschrieben hat. Ich habe mir gesagt, daß man diese fünf Zeilen unbedingt mit hineinbringen müsse. Also habe ich

Pierre-François Dumeniaud (Hivert), Jean Yanne, Dominique Zardi (Der Blinde)

Claude Chabrol

beschlossen, einfach die Zeit anzuhalten, alles in der Einstellung mit Emma einzufrieren und die Stimme des Erzählers diese fünf Zeilen vorlesen zu lassen. Aufgrund dieser zeitlichen Verschiebung entsteht plötzlich eine absolute Perspektive: das ist der Einbruch des Textes in eine Art Ewigkeit, die auch eine Art absoluter Objektivität darstellt, ein Augenblick, wo alles stillsteht, innerhalb eines Momentes, in dem sich alles überstürzt. Danach kehrt man zum objektiv Beschreibenden zurück, bis zu dem Moment, wo Emma den Blinden hört. Und hier liegt ein Problem, über das wir lange diskutiert haben: die Stimme des Blinden, die Tatsache, daß sie den Blinden sieht – sie sieht den Vorhang, erkennt dann den Blinden hinter dem Fensterkreuz, und der Blinde erscheint ihr – und ein wenig später erfährt man dann, daß der Blinde »wirklich« da ist. Tatsächlich ist der Blinde anwesend, und es ist sehr wichtig, daß man begreift, daß es sich nicht um eine Halluzination handelt. Aber gleichzeitig ist es auch wichtig, daß man es einen Augenblick lang vermuten kann. Sie sehen also, daß in diesem Augenblick der Blinde sowohl subjektiv (damit der Zweifel möglich ist) als auch objektiv (da man erfährt, daß die Person wirklich anwesend ist) gesehen werden muß. Ich habe den Blinden eingeblendet, und von Emmas Blickwinkel aus ist er immer deutlicher zu sehen. Im Augenblick ihres Todes sieht sie den Blinden an, und das ist dann rein subjektiv. Sie richtet sich auf und schreit: »Der Blinde!« und sinkt dann zurück. Hier schneide ich eine Einstellung mit dem Blinden hinein. Und man stellt fest, daß der Blinde wirklich da ist. Und dann bin ich gezwungen, ein ganz kleines bißchen zu mogeln. Da ich die Diskussion zwischen Homais und Bournisien am Bett der Toten gestrichen habe, weil ich fand, daß das im Film wirklich nicht machbar war, komme ich sofort zu einer Einstellung mit Charles, wie er sich auf sie stürzt und sie hochhebt. Und als er sie hochhebt, nehme ich für die schreckliche Einstellung mit der schwarzen Flüssigkeit, die aus Emmas Mund läuft, die Perspektive des Blinden ein. Ich habe versucht, eine starke Kontinuität in der Pespektive einzuhalten, die innerhalb der Erzählung sehr brüchig ist, und mir scheint, daß das, visuell gesehen, sehr gut läuft. Aber es ist klar, daß das alles im Augenblick des

Drehbeginns bereits fix und fertig sein mußte. Man kann solche Dispositionsfragen nicht ausprobieren und sich erst während des Schneidens für die eine oder andere Lösung entscheiden.

PIERRE-MARC DE BIASI: In den Szenen, die Sie »objektiv« nennen, dominiert da die Sicht des Erzählers?

CLAUDE CHABROL: Ich denke ... ja.

PIERRE-MARC DE BIASI: Eines Erzählers, der im Text nicht ganz Flaubert ist und der im gleichnamigen Film nicht ganz Chabrol ist? Wo ist Chabrol in diesem Film?

CLAUDE CHABROL: Ich werde es Ihnen sagen ... Mein Traum wäre gewesen, daß es mir, als dem Filmemacher, gelungen wäre, mich mit Flaubert zu identifizieren, und zwar soweit, daß mir ein Film gelungen wäre, wie er ihn gemacht hätte, wenn er *Madame Bovary* verfilmt hätte. Ein solcher Ehrgeiz ist zwar ein bißchen verschroben, aber das Gute daran ist, daß eine tatsächliche Überprüfung nicht möglich ist! Und das ist natürlich ein ziemlich großer Vorteil! Um das Ganze einmal ein bißchen weniger vorsichtig auszudrücken: Ich würde sagen, der Film hat mich sicherlich gezwungen, mich mit Flaubert zu identifizieren. Aber für diese Identifizierung mußte ich, Chabrol, nicht vollständig verschwinden. Zweifellos sind gewisse Aspekte meiner Person zurückgetreten, haben sich hinter anderem verborgen. Aber im wesentlichen mußte ich vor allem dem, was ich bin, noch etwas hinzufügen. Ich mußte ein paar Züge annehmen, die nicht die meinen sind. Aber zum Beispiel habe ich unter einem Blickwinkel, der weder der meine noch der von Flaubert ist, sondern eher mein mögliches Verhältnis zu seinem Werk (ich würde sagen, »unser« Verhältnis zu seinem Werk) andeutet, etwas ganz entschieden beseitigt, und zwar den optischen Unterschied zwischen dem zwanzigsten und dem neunzehnten Jahrhundert: ich habe darauf bestanden, daß die sichtlichen Unter-

Rechts: *Passage aus Flauberts* Madame Bovary

Jusqu'à trois heures cependant, rien d'extraordinaire n'avait eu lieu
lorsque l'on découvrit au premier étage de la mairie un individu,
se penchant en dehors des [illegible] fenêtres & qui aligna sur leurs
dalles extérieures six lampions. [illegible]
[illegible] on savait donc à quoi s'en tenir sur la
quantité des luminaires & [illegible] l'on se réjouissait [illegible] comme
[illegible] flambés. Mais [illegible] on entendit [illegible]
[illegible] "le voila le voila" les nez se levèrent les yeux cherchèrent
et [illegible] l'on aperçut au second étage [illegible] étranger
[illegible] & qui [illegible] comme tout à l'heure
en manche de chemise [illegible] [illegible]
six autres pots de suif. [illegible] ou s'intéressait on riait de plaisir

[illegible] La foule s'esttrouvée (?)

on poussait des exclamations, [illegible] se donnaient des coups de
coudes même, dans [illegible] leur gaité, se donnaient [illegible]
poings les enfants se faisaient hisser [illegible] sur les épaules [illegible] [illegible]
[illegible] & les [illegible] vieillards admiraient [illegible], car de
mémoire d'homme [illegible] pareil spectacle ne s'était montré on n'avait rien vu de pareil
à Yonville-l'Abbaye.
[illegible]
après avoir bien calé les [illegible] derniers, était disparu après longtemps [illegible]
[illegible]
[illegible] [illegible] fermé dans le tympan
lorsque du milieu de l'œil de bœuf, [illegible] puis s'allongeant avec
[illegible] on vit un bras sortir; [illegible]
[illegible] effort déposer sur l'extrémité de la pierre juste au dessus
[illegible] encore un lampion.
de la tête du coq gaulois [illegible]
[illegible] un [illegible] prolongé
alors un cri s'échappa [illegible]
[illegible], si formidable, & tel que le peuple seul
sait en produire, lorsque [illegible] grande passion l'agite
Le bras cependant continuait à s'agiter dans l'œil
apparaître de bœuf.

schiede (in der Kleidung, der Psychologie, den Sitten etc.) für mich und für jedermann verschwinden, indem alles ganz natürlich ist.

PIERRE-MARC DE BIASI: Sie weichen meiner Frage aus! Ich möchte, daß Sie mir sagen, welchen Platz dieser Film in Chabrols Werk für Sie einnimmt. Ihre persönliche Beziehung zu diesem Projekt...

CLAUDE CHABROL: Wissen Sie, im Gesamtwerk eines Filmemachers gibt es eine bestimmte Anzahl von Filmen nach sogenannten Originaldrehbüchern, die nicht immer durch Originalität glänzen. Ich ziehe es vor zu sagen: »Hier habe ich die Geschichte erfunden« und fertig. Der Fall meiner Filmbearbeitung von *Madame Bovary* liegt da etwas anders, denn hier habe ich mich, was den Text betrifft, freiwillig völlig von Flaubert abhängig gemacht, obwohl ich natürlich versuchte, daraus ein originales Filmwerk, diesmal in der wirklichen Wortbedeutung, zu machen. Eine bessere Abhängigkeit hätte ich mir nicht erträumen können, denn der Roman stellt von allen Dingen, die für mich zählen, einen Höhepunkt dar. Er ist ein vollständiges Universum, und ich finde darin die wichtigen Elemente all dessen wieder, was mich interessiert: das Unbefriedigtsein der Frau und, darüber hinaus, das Unbefriedigtsein des Menschen an sich, die unersättliche Liebe, begleitet von einer großartigen Studie jener inneren Bereiche wie Wunsch, Begierde, Reue, Sehnsucht, Traum... Und vor allem ist dies ein Universum, in dem diese Themen in einer perfekten Form behandelt werden, so perfekt, daß es kein Mittel gibt, das Thema von seinem Ausdruck zu trennen.

PIERRE-MARC DE BIASI: Also handelt es sich um eine Herausforderung, die sich von dem, was Sie bisher gemacht haben, ziemlich unterscheidet?

CLAUDE CHABROL: Ja, ja, ich habe gehorcht! Ich habe Gustaves Gesetz gehorcht. Sagen wir mal etwas unbescheiden, daß alles ein bißchen so abläuft, als sei ich der »technische Berater« des Schriftstellers gewesen! Und ich kann Ihnen sagen, daß dieser Flaubert als Drehbuchschreiber und Regisseur ein toller Kerl war!

Paris, Dezember 1990

Jean-François Balmer

Flaubertsche Schauspieler

Die Gespräche führte Arnaud Laporte

Jean-François Balmer/Charles Bovary

ARNAUD LAPORTE: Wann haben Sie zum ersten Mal mit Claude Chabrol gearbeitet?

JEAN-FRANÇOIS BALMER: In *Le sang des autres* (in Deutschland nicht verliehen), einer Koproduktion nach einem Roman von Simone de Beauvoir. Ich für meinen Teil war sehr froh, mit ihm zu drehen. Eines Tages nahm er mich bei den Dreharbeiten beiseite und sagte: »Mach dir nichts draus, eines Tages machen wir einen richtigen Film zusammen.«

ARNAUD LAPORTE: Wie waren die Dreharbeiten mit Claude Chabrol?

JEAN-FRANÇOIS BALMER: Eins regt mich immer fürchterlich auf – wenn jemand sagt: »Was, du drehst mit Chabrol? Dann stimmt ja die Kohle!« Das ist beinahe eine Beleidigung für Claude. Claude ist ein Mensch, der einem zuhört, was in diesem Metier außerordentlich selten ist. Er hört zu, er redet mit einem, er ist intelligent, er hält sich zurück. Er ist von seltener Höflichkeit und Liebenswürdigkeit gegenüber allen, Schauspielern, Technikern und allen anderen. Und abgesehen von diesen Qualitäten stimmt auch noch die Kohle...

Außerdem ist er ein sehr interessanter Mensch, weil er unendlich komplex ist. Zum Beispiel im Umgang mit den Schauspielern: er führt einen sehr stark, obwohl er während der Dreharbeiten kein Wort sagt, weder etwas Positives noch etwas Negatives. Er läßt den Schauspielern ihre eigene Auffassung. Aber ich glaube, daß er trotzdem auf sehr subtile Art die Schauspieler führt, denn wie er die Kamera aufstellt, wie er die Brennweite einstellt, das zwingt einen unter sein Joch, in den Rahmen, den er absteckt, und so bleibt einem wenig Spielraum. Man fühlt sich in die Zange genommen, aber ich gebe zu, es ist eine angenehme Zange, die ich akzeptiere. Eine andere Stärke Claude Chabrols ist, daß er beim Drehen nicht zahllose Takes macht. Im Gegensatz zu unseren jungen oder auch alten Filmemachern, die für einen Film 180 000 oder 200 000 Meter Material verbrauchen, macht er einen Film mit 30 000 Metern; das ist eine Form von Respekt, von Höflichkeit gegenüber dem Produzenten. Aber was mich an Claude am meisten überrascht hat, ist seine Schlichtheit, die ihm nicht angeboren ist, sondern die er sich im Gegenteil hart erarbeitet hat, über die er reflektiert hat. Das hat mich sehr beeindruckt.

ARNAUD LAPORTE: Wie haben Sie sich die Rolle des Charles Bovary erarbeitet?

JEAN-FRANÇOIS BALMER: Das ist eine undefinierbare, unspielbare Rolle, denn Charles Bovary hat keine Ausstrahlung. Je besser man ihn spielt, um so mehr verschwindet man in dem Film. Für einen Schauspieler, der sich in Szene setzen will, ist das sehr schwer.

ARNAUD LAPORTE: Sie wollten nicht den Fehler begehen, die Rolle bis zur Karikatur zu übertreiben?

JEAN-FRANÇOIS BALMER: Ja, Charles' Dummheit, die Tatsache, daß er ein »großes Rindvieh« ist, stellte eine große Versuchung dar. Aber ich hatte Angst, in die Karikatur abzurutschen.

ARNAUD LAPORTE: Welches Element hat Sie bei Ihrer Darstellung geleitet?

JEAN-FRANÇOIS BALMER: Es gibt einen Schlüssel zu der Figur, und der liegt in der Tatsache, daß er »officier de santé«, Sanitätsoffizier, und kein Arzt ist, und das ist wichtig für die Entwicklung der Figur, denn er hat Ärzten gegenüber Komplexe. Man hält ihn für einen Arzt und er weiß, daß er sich diesen Titel zu Unrecht anmaßt, denn er ist ehrlich. Ich habe mir also gedacht, daß man in dieser Rolle nicht allzu dick auftragen darf, deshalb habe ich bis zum Drehbeginn zehn Kilo abgenommen. Ich habe diesen Schauspielertrick angewendet, weil der mir in diesem Fall richtig erschien. Charles gehört zu der Tiergattung, die die Menschheit bildet. Und für Flaubert sind die Menschen grundsätzlich dumme Tiere, die jedoch von Zeit zu Zeit eine Art blitzartige Erleuchtung haben, die sie intelligent macht. Charles ist wie alle Menschen, vielleicht ein bißchen weniger ungehobelt.

ARNAUD LAPORTE: Hatten Sie mit Claude Chabrol über die Figur gesprochen?

JEAN-FRANÇOIS BALMER: Claude Chabrol hat mit mir nicht über den Aspekt der Dummheit bei Charles gesprochen, aber auf eins legte er größten Wert, nämlich, daß man nicht wissen dürfe, wie Charles auf Léon und Rodolphe reagiert, daß man nicht wissen dürfe, ob er Vergnügen oder Eifersucht empfindet und daß er Emma gegenüber kein Mitgefühl zeigen dürfe. Man mußte ihn »weiß« spielen, ohne eine Spur zu legen.

ARNAUD LAPORTE: Man mußte ihn sozusagen »nicht spielen«?

JEAN-FRANÇOIS BALMER: Die Rolle des Charles Bovary mit einer bestimmten Idee im Kopf anzugehen ist absurd. Ich habe keine Ideen, aber ich habe versucht, ein wenig zurückgenommen – dabei aber auch sehr genau – zu spielen. Beim Schnitt wird die Figur zum Vorschein kommen, vielleicht mit einem Hauch von Dummheit, mit einem ganz zarten Hauch... Er ist rührend, ein bißchen egoistisch, ein bißchen dumm, aber nicht durch und durch dumm. Charles ist trotz allem unabhängig, er hat sein Berufsleben, er freut sich, wenn er auf seine Tour geht. Letztendlich funktionieren alle Figuren durch ihr Unbefriedigtsein, nur er nicht. In der Szene, wo der Klumpfuß operiert wird, kommt er gar nicht aus dem Staunen heraus; er sagt: »Es ist vorbei!« und ich wollte es so spielen, als ob er sagte: »Es ist unglaublich!« So steht und fällt die Rolle mit den »kleinen Dingen«, die man spielen muß, denn die Schwierigkeit, die Figur gut zu spielen, liegt mit an der Tatsache, daß es keine einzige Szene gibt, bei der er die treibende Kraft wäre. Es gibt nur Szenenansätze, und deswegen wollte ich ihn zurückgenommen spielen. Ich habe versucht, die Rolle »von oben« anzugehen, nicht in die Karikatur abzurutschen. Was auch immer passiert, ein Schauspieler wird niemals auf der Höhe einer Figur stehen. Aber diese Rolle zu spielen stellt eine phantastische Chance dar. Es ist eine sehr große Rolle, eine außerordentlich seltene Gelegenheit. Chabrol hat mir alles für die Figur gesagt. Ich bin ein Interpret, kein schöpferischer Mensch, kein Künstler. Ich bin nur ein Schauspieler, aber ich buchstabiere das Wort mit Großbuchstaben.

ARNAUD LAPORTE: Wie war ihre Beziehung zu Isabelle Huppert, was die Arbeit betrifft?

JEAN-FRANÇOIS BALMER: Es arbeitet sich sehr angenehm mit ihr. Sie sendet so kleine magnetische Impulse aus, die die Kamera auffängt (deshalb ist sie eine große Filmschauspielerin) und die auch ein aufmerksamer Schauspieler empfängt. Sie hat ihre Rolle mit wahnsinniger Ausdauer und ganz rigoros durchgezogen.

Christophe Malavoy/Rodolphe Boulanger

ARNAUD LAPORTE: Claude Chabrol wollte für *Madame Bovary* »Flaubertsche« Schauspieler. Sind Sie ein Flaubertscher Schauspieler?

CHRISTOPHE MALAVOY: Ich habe drei Jahre lang mit Flaubert »gelebt« und habe mich für ihn begeistert. Als ich 25 Jahre alt war, habe ich fast den ganzen Flaubert gelesen, einschließlich seiner Korrespondenz. Das war zu einer Zeit, als ich nicht

Christophe Malavoy

arbeitete, und diese Lektüre hat mir sehr geholfen, erwachsener zu werden, an mich zu glauben, zu arbeiten, durchzuhalten wie Flaubert, der ein Arbeitstier war. Ich habe mir sogar den Ort angesehen, wo er gearbeitet hat, in Croisset. Flaubert war ein Führer für mich, ein geistiger Vater. Drei Jahre lang war er mein bester Freund. Von dem Moment an, wo man einem Autor, einem Künstler so nahe war, findet man ihn auf seinem Weg immer wieder, und so ist es mir mit *Madame Bovary* passiert. Ich glaube, daß Flauberts ganzes Werk auf einem enormen Verzicht aufgebaut ist, und Schauspieler zu sein, das bedeutet für mich, den Gedanken, auf sich selbst zu verzichten, zu akzeptieren. Das ist ein merkwürdiger Gedanke, aber so empfinde ich es, man läßt sich richtiggehend vereinnahmen und von einer anderen Person bewohnen. Ich hege große Bewunderung für Flaubert und seine Art, wie er die Figuren aufbaut.

ARNAUD LAPORTE: Wie dachten Sie als Leser über Rodolphe?

CHRISTOPHE MALAVOY: Im Buch kommt etwas vor, was im Film nicht enthalten ist, aus rein filmischen Gründen. Als Rodolphe Emma seinen Abschiedsbrief schreibt, befürchtet er, in ihren Augen gefühllos zu erscheinen, und er möchte eine Spur seiner Gemütsbewegung hinterlassen. Aber da er nicht weinen kann, nimmt er einen Wassertropfen und läßt ihn auf den Brief fallen, wie eine Träne. In dieser Szene wird alles über die Figur des Rodolphe gesagt. Mit viel Zynismus stellt er Emotion her. Er benutzt das Unglück der anderen, um stilvoll zu sein. Trotz seiner Feigheit hat er eine sehr mutige Vision von der Gesellschaft. Er ist eine im Grunde sehr moderne Figur, die, wenn ich mal so sagen darf, vor ihrer Feigheit flieht.

ARNAUD LAPORTE: Aber er ist vor allem ein Verführer?

CHRISTOPHE MALAVOY: Natürlich liebt er es zu gefallen, sich von Gefühlen überfluten zu lassen, aber er hat bereits alle Leidenschaften kennengelernt, er ist ausgelaugt; deshalb ist er allein, zutiefst einsam. Er ist ein Melancholiker mit morbiden

Leidenschaften. Ich habe also versucht, ihn so zu spielen: scheinbar frivol; als einen, der lacht, der sich amüsiert, der jedoch in seinem Innersten völlig dunkel ist.

ARNAUD LAPORTE: Was bewegt Ihrer Ansicht nach Emma, was treibt sie zu diesem im Grunde selbstmörderischen Vorgehen?

CHRISTOPHE MALAVOY: Ich glaube, sie erlebt jenen ermüdenden Widerspruch, der darin liegt, jemand anderes sein zu wollen. Sie träumt von einem Leben, für das sie nicht gemacht ist. Aber man darf nicht vergessen, daß Emma von einem Bauernhof kommt, aus der tiefsten Provinz! Damals waren die Mauern zwischen den verschiedenen Klassen sehr hoch; als sie zum Ball geht, befindet sie sich mitten in einem Traum. Später ist Rodolphe das auslösende Element. Er erweckt sie zum Leben, zerbricht aber zugleich auch ihre Illusionen. Sie ist ein bißchen wie eine Gottesanbeterin.

ARNAUD LAPORTE: Und wie empfindet Rodolphe sie?

CHRISTOPHE MALAVOY: Ich glaube, er erstickt unter Emmas bedingungsloser Liebe. Er liebt sie, zumindest am Anfang, doch Emmas Liebe ist schwer zu verkraften. Sie hindert ihn daran zu leben, sie zehrt seine Freiheit stetig auf. Es ist unmöglich, eine Frau wie Emma zu lieben, da sie sich selbst nicht liebt. Sie kompliziert sich das Leben bis in den Tod, im wahrsten Sinn des Wortes. Aber am Ende ist sie rührend, weil sie bemerkt, daß sie sich getäuscht hat. Charles, den sie gehaßt hat, erscheint ihr als der barmherzigste aller Männer, der aufrichtigste von allen.

Lucas Belvaux/Léon Dupuis

ARNAUD LAPORTE: Sie haben bereits mit Claude Chabrol gedreht, in *Le Poulet au vinaigre* (Hühnchen in Essig). Wie ist es dazu gekommen?

LUCAS BELVAUX: Claude hatte mich in einem Fernsehfilm gesehen, und er hat mich angerufen, um mir ohne vorherige

Proben die Rolle des Briefträgers vorzuschlagen. Das war für mich eine großartige Erfahrung. Das war vor sechs Jahren. Diesmal hat er mir die Rolle des Léon angeboten, und wenn man darüber nachdenkt, gibt es eine Parallele zwischen den beiden Personen. Es handelt sich um Männer mit großen Ideen, die sie jedoch nicht ausführen.
Das wurde mir erst ziemlich spät klar, aber Claude wußte das ganz genau.

ARNAUD LAPORTE: Wie haben Sie sich auf den Film vorbereitet?

LUCAS BELVAUX: Als ich das Drehbuch bekam, war ich höchst erstaunt. Ich glaube nicht, daß man es hätte besser machen können. Dann, kurz vor Drehbeginn, hat Claude uns alle zu einem Essen zusammenbestellt, Isabelle Huppert, Jean-François Balmer, Christophe Malavoy und mich, damit wir gemeinsam über unsere Auffassung von dem Roman sprechen konnten. Dann hat Claude uns seinen Standpunkt dargelegt. Von da an befanden wir uns alle im selben Film, denn er drückte sich sehr klar aus, und später hat es keine Verständigungsprobleme gegeben.

ARNAUD LAPORTE: Ich vermute, Sie kannten *Madame Bovary* noch aus Ihrer Schulzeit? Welche Erinnerung hatten Sie daran?

LUCAS BELVAUX: Ich hatte *Madame Bovary* nicht nur nicht gelesen, ich hatte sogar noch nie etwas von Flaubert gelesen. Ich war mitten in meiner Balzac-Periode, als mich Claude Chabrol anrief. Ich habe mich natürlich sofort auf Flaubert gestürzt, und das war für mich ein Moment großen Glücks. Er ist einfach großartig!

ARNAUD LAPORTE: Aber Sie haben zu diesem Zeitpunkt den Roman sehr gezielt gelesen?

LUCAS BELVAUX: Ich habe natürlich alles aus dem Roman zusammengetragen, was mir für meine Rolle nutzen konnte. Man muß beim Spielen etwas umsetzen, zeigen, was in dem Buch geschrieben steht. Da wird zum Beispiel über Léon

Lucas Belvaux

gesagt: »Seine Nägel waren länger als bei den meisten Leuten, und er hatte stets ein kleines Taschenmesser bei sich, um sie zu schneiden.« Das ist eine tolle Sache für eine Darsteller! Und ich habe aufgehört, meine Nägel abzubeißen. So gibt es in dem Buch eine Summe kleiner Details, über die man schließlich an die Figur herankommt. Léon ist feige, wie alle Männer in dem Roman, aber er ist nicht einmal besonders feige. Er ist ein Mann, ein menschliches Wesen, wie alle Figuren, denn Flauberts Schreibkunst verleiht ihnen Fleisch und Knochen.

ARNAUD LAPORTE: Aber die Figur des Léon hat die Besonderheit, daß sie sich zwischen Anfang und Schluß des Romans radikal verändert.

LUCAS BELVAUX: Zwischen dem ersten und zweiten Teil, das heißt, zwischen Léons Aufbruch nach Paris und der Begegnung mit Emma im Theater, wird diese Veränderung in drei Zeilen beschrieben, denn Flaubert sagt uns das Wesentliche: Léon ist nicht mehr jungfräulich. Als man ihn nach Paris abreisen sieht, ist er durch und durch Romantiker, aber bei seiner Rückkehr ist er das überhaupt nicht mehr, er ist ein nicht sehr interessanter junger Mann. Es ist übrigens erstaunlich, daß Emma diese Veränderung nicht sieht, aber er spielt auch sehr geschickt mit ihr.

ARNAUD LAPORTE: Aber er findet an der Sache auch selbst Geschmack...

LUCAS BELVAUX: Das stimmt. Im zweiten Teil gibt es eine wirklich großartige Szene. In der Oper verabreden sich Léon und Emma für den nächsten Tag im Hotel, und als er dorthin geht, hat er die feste Absicht, »sie zu erobern«. Und plötzlich, als er das Zimmer betritt, hat er einen echten »Gefühls-Rückschlag«. Er befindet sich wieder in demselben Zustand, in dem er von Yonville weggegangen war. Er ist bereit, sich Emma zu Füßen zu werfen. Und sobald er das Zimmer wieder verläßt, wird er wieder »normal« und verflucht sich wegen seiner Reaktion. Das ist wirklich toll!

ARNAUD LAPORTE: Aber am nächsten Tag wird er dann seinen Wunschtraum endlich verwirklichen?

LUCAS BELVAUX: Ja, am nächsten Morgen schreitet er zur Tat. Aber er ist nicht mehr im selben Geisteszustand. Emma ist für ihn zwar nicht nur »eine mehr«, aber es handelt sich auch nicht mehr um die Verwirklichung eines Wunschtraums. Dafür hätte er sie im Moment seines »Gefühls-Rückschlags« lieben müssen. Von diesem Augenblick an wird Emma für León zu einer bürgerlichen Mätresse, und er muß in der Zwischenzeit auch mit anderen Frauen zusammensein, da er sich kurze Zeit nach Emmas Tod verheiratet. Während ihrer Beziehung ist es so, als ob Emma zwei Haushalte hätte, und Léon spielt dieselbe Rolle wie Charles, denn in ihrem Hotelzimmer stehen sogar seine Pantoffeln. Emma lebt beinahe in Bigamie, denn sie haben keine leidenschaftliche Liebesbeziehung miteinander. Dennoch tut er bis zuletzt so, als ob er daran glaube. Sie geht soweit, daß sie glaubt, er würde sogar für sie stehlen.

ARNAUD LAPORTE: Glauben Sie, daß er zögert zu tun, was Emma von ihm verlangt?

LUCAS BELVAUX: Er vereinbart mit ihr ein Treffen, ohne daß er, meiner Ansicht nach, auch nur eine Sekunde lang die Absicht hat hinzugehen. Léon ist ein echter Spießbürger, und es steht für ihn außer Frage, daß er für sie nicht stehlen wird. Bevor er nach Paris gegangen ist, hätte er sie vielleicht entführt, wenn er sich in Rodolphes Lage befunden hätte. Aber danach ist nichts dergleichen mehr möglich.

ARNAUD LAPORTE: Aber was ist im Grund eigentlich mit Emma möglich?

LUCAS BELVAUX: Ihr Grundproblem ist, daß ihr Verhältnis zur Wirklichkeit gestört ist. Sie bildet sich ein, unter ihrem eigentlichen Wert zu stehen. Darin liegt das ganze Problem. Aber das »Bessere« kann sie nicht finden, denn das »Bessere«, das sie sich vorstellt, gibt es nicht, es ist ein »Besseres«, das es

Jean-François Balmer, Jean-Claude Bouillaud (Vater Rouault)

nur in Büchern, in Märchen gibt. Das, was sie an Besserem erreichen könnte, läge noch unterhalb von dem, was sie will.

ARNAUD LAPORTE: Wie sieht Léon sie?

LUCAS BELVAUX: Für Léon ist Emma im ersten Teil eine Erscheinung, und zwischen ihnen findet eine echte Begegnung statt, denn sie sind sich ähnlich, zumindest scheinbar. Was Léon an der Romantik gefällt, ist der Überschwang der Gefühle, diese Art schneidender Schmerz, aber er bleibt darin sehr oberflächlich. Heute würde man sagen, er ist »in«. Aber er ist rührend, anziehend, trotz seiner Affektiertheit.

ARNAUD LAPORTE: Was macht Ihrer Meinung nach *Madame Bovarys* Stärke aus?

LUCAS BELVAUX: Was mich bei der Lektüre des Romans am meisten berührt hat, das ist eins der unterschwelligen Themen, nämlich das Realitätsproblem: die Art, wie man sie lebt, wie man sie auffaßt, ein Thema, das heute allgegenwärtig ist. Ich habe vor zwei Jahren *Off limits*, ein Stück von Adamov, gespielt, in dem es nur darum geht. Was ist die Realität? Wo sind wir? Bin ich in der Realität? Ist die Realität das, was mich umgibt? Ist die Realität hier und jetzt? Diese Fragen sind bis heute ungelöst, und sie sind auch das große Problem in *Madame Bovary*. Aber das Moderne, das man bei Flaubert findet, findet man bei Chabrol wieder, in dem, was an ihm menschlich ist, in seinem unnachsichtigen Blick. Claude Chabrol verschont niemanden, weder Emma noch die anderen, denn die Leute sind, wie sie sind, und man sollte nicht versuchen, sie zu schönen. Sie sind rührend in ihrer Realität. Indem er dieses Prinzip befolgt, schwimmt Claude Chabrol gegen den Strom der allgegenwärtigen Nachsicht, wie auch Flaubert gegen den Strom schwamm, als er schrieb.

Isabelle Huppert

Emma, Isabelle

Caroline Eliacheff im Gespräch mit Isabelle Huppert

CAROLINE ELIACHEFF: Wie denken Sie über die Männer in *Madame Bovary*?

ISABELLE HUPPERT: Sie sind mittelmäßig und pathetisch. Und dennoch ist Emma völlig von ihnen abhängig. Sie sieht ihr Heil, ihr Glück, ihr Leben nur in ihnen. Sie sind das Maß ihrer Begierde und ihrer Selbstentfremdung.

CAROLINE ELIACHEFF: Das ist Flauberts Ansicht über den Menschen, die Mittelmäßigkeit.

ISABELLE HUPPERT: Ja, Flaubert findet die Menschheit mittelmäßig und doch interessant. Dieses Interessantsein beruht auf außergewöhnlichen Eigenschaften. Eine sehr wichtige Größe ist für Flaubert die Lächerlichkeit. Madame Bovary ist lächerlich. Die Prinzessin von Clèves zum Beispiel war es nicht. Hier liegt das Problem des Klein- oder Bildungsbürgertums, das zwischen seinem Notar, seinem Rechtsanwalt, seinem Schullehrer usw. eingeklemmt ist. Aber Flaubert erweist sich als menschlich (und niemals als herablassend), wenn er sich dieses Kleinbürgertum von innen betrachtet. Aus der Entfernung betrachtet ist sie lächerlich. Aus der Nähe gesehen wird Madame Bovary zur Heldin; Flaubert erkennt ihre Wahrheit und nimmt ihre Sehnsucht ernst.

CAROLINE ELIACHEFF: Ich finde, daß die Männer allesamt ziemlich grobschlächtig sind, sogar Rodolphe, der Dorfgockel. Die Männer des 19. Jahrhunderts, scheint mir, haben etwas Typisches gemeinsam: sie können sich nicht vorstellen, daß eine Frau Sehnsüchte haben könnte. Sie können begreifen, daß eine Frau Gelüste, Bedürfnisse, Wünsche haben kann, aber nicht, daß sie Begierde empfinden könnte.

ISABELLE HUPPERT: Das ist der Kern der Geschichte, denn im Grunde ist es das, woran Madame Bovary stirbt: daß sie nicht als begehrender Mensch anerkannt worden ist. Das Bewegende an ihr sind jedoch all diese Gefühlsstürme in ihrem Körper, in ihrem Geist, die zu entziffern sie unfähig ist. Übrigens genauso wenig wie die Menschen in ihrer Umgebung. Das Unbewußte, das sich Gehör verschaffen will und das Flaubert minutiös beschrieben hat, ist das Moderne an dem Roman, diese Bewußtheit eines Unbewußten. Emma hat vergebens gekämpft, um sich zu befreien, und sie hat den Preis dafür bezahlt.

CAROLINE ELIACHEFF: Neulich hat jemand zu mir gesagt: »Madame Bovary ist ins falsche Milieu hineingeboren worden.« Und das ist in gewisser Weise richtig. Aber stellen wir uns einmal vor, sie wäre in ein anderes Milieu hineingeboren worden, in die Aristokratie, zum Beispiel; alles wäre wahrscheinlich ganz genauso abgelaufen. Sissi, die Kaiserin von Österreich, lebte zur selben Zeit, ihr Mann Franz-Josef war der mächtigste Mann der Welt. Er liebte seine Frau sehr, übrigens genauso wie Charles Bovary, aber er konnte nicht begreifen, daß sie Sehnsüchte haben könnte. Und er hatte alles, was ein Mann einer Frau bieten kann, aber ebenso wie Charles Bovary konnte er nicht begreifen, daß sie »etwas anderes« begehrte.

ISABELLE HUPPERT: Bei Flaubert geht die menschliche Kritik in diesem Zusammenhang weiter als die Gesellschaftskritik. Madame Bovary ist zu einem Archetyp geworden, und das Unbefriedigtsein ist universal. Und doch meine ich, daß die Dinge in dem Milieu, von dem Sie jetzt sprechen, nicht ganz so abgelaufen wären. Die Leute, die Flaubert in *Madame*

Bovary schildern wollte, wissen nicht, was sie empfinden; sie besitzen weder die Fähigkeit, ihre Gefühle umzusetzen, noch sie zu entschlüsseln, sie besitzen keine Kultur.

CAROLINE ELIACHEFF: Im 18. Jahrhundert durfte eine Frau intelligent sein, im 19. Jahrhundert darf sie weder intelligent sein noch Sehnsüchte haben, sie hat gar nichts mehr. Kündigt Madame Bovary nicht, vor Psychoanalyse und Feminismus, die Frau des 20. Jahrhunderts an?

ISABELLE HUPPERT: Aus der Perspektive des 19. Jahrhunderts war es unfaßbar, daß eine Frau versuchen sollte, ein erfülltes Leben zu leben; deshalb kam es auch zu einem Skandal, als das Buch erschien. Übrigens liefert uns Flaubert selbst die Perspektive dieser Gesellschaft. Denn schließlich beschwört Emma eine Apokalypse herauf. Sie stirbt, alles um sie herum ist zerstört... In gewisser Weise ist die Moral gerettet! Jetzt noch weckt Emma verschiedene Empfindungen. Ich mag Madame Bovary sehr. Ich finde sie sehr mutig, und ich finde, daß ihr Schicksal eine schöne Metapher für eine bestimmte Stellung der Frau und natürlich auch für ihre Entfremdung ist. Sie ist eine Heldin der Begierde.

CAROLINE ELIACHEFF: Ist Rodolphe wenigstens in der Lage, zu begreifen, daß sie sexuelle Begierden hat?

ISABELLE HUPPERT: Ja, wenigstens das! Léon dagegen träumt, er weiß nicht, wer sie ist.

CAROLINE ELIACHEFF: Nun, er träumt eben von einer Frau, und diesen Traum macht er an Madame Bovary fest. Als Flaubert *Madame Bovary* schrieb, sagte er, daß der Stil ebenso *hinter* wie *in* den Worten liege. Haben Sie sich, als Sie Ihre Rolle einstudierten, überlegt, wie Sie beim Spielen ein Äquivalent zum Stil herstellen könnten? Anders gefragt, könnte man sagen, der Stil, das sind Sie?

ISABELLE HUPPERT: Als ich angefangen habe zu spielen, habe ich mich stark mit Flaubert identifiziert, weil ich meinte, daß ich als Schauspielerin die Möglichkeit und sogar die Pflicht hätte, die Figur vor allem formal zu betrachten, so wie Flaubert das tat, als er den Roman schrieb. Als ich über seine Schreibmethode las, über die Art, wie er eine Figur aufbaute, fand ich, daß das einer guten Lektion in dramatischer Kunst sehr ähnlich war. Das kommt vielleicht ein bißchen unerwartet, weil es ungefähr das Gegenteil von dem ist, was man von einer Schauspielerin erwarten könnte. Das Spielen impliziert, daß man vor allem Instinkte und Gefühle einbringt, was scheinbar im Widerspruch zu der Tatsache steht, daß man sich mit Stil oder Form befaßt.

CAROLINE ELIACHEFF: Ich glaube, vor allem am Beginn einer Karriere bedient man sich des Instinkts und der Gefühle, und dann arbeitet man hart daran, daß der Zuschauer die Gefühle sieht, ohne die Arbeit zu spüren, oder, wie Flaubert es ausdrückte: »Der Künstler muß in seinem Werk enthalten sein, wie Gott in der Schöpfung enthalten ist, unsichtbar und allmächtig, so daß man ihn überall spürt, ihn aber nicht sieht.«

ISABELLE HUPPERT: Dieser Satz von Flaubert gefällt mir sehr. Alles, was er zur Kälte, Undurchdringlichkeit, Unpersönlichkeit und naturwissenschaftlichen Präzision innerhalb der Kunst sagt, spiegelt sich in meiner Arbeitsweise wider und hat mich zum Nachdenken über jene sakrosankte »Identifizierung mit der Figur« angeregt. Zum Beispiel habe ich mich anfangs, als ich Madame Bovary zu spielen begann, gefragt, ob ich, wie Flaubert, sagen sollte: »Ich bin Madame Bovary.« Ich habe dagegen eher das Bedürfnis verspürt zu sagen: »Ich bin nicht Madame Bovary.« Das trifft übrigens nicht nur auf *Madame Bovary* zu, denn ich finde diese Idee der Identifikation mit einer Rolle ganz allgemein verdächtig. Verdächtig, weil man dadurch faul wird. Wenn man sich damit begnügt, sich zu sagen, daß man die Person *ist*, macht man sich keine Mühe mehr, sie aufzubauen. Gefühlsmäßig glaube ich sagen zu können, daß ich mich Emma nahe fühle, aber in Wirklichkeit habe ich diese provinzielle Kleinbürgerin und Arztehefrau, die mehr sensibel als intelligent ist, sich um ihr kleines Innenleben Gedanken macht, ziemlich egoistisch, idealistisch und nicht frei von Affektiertheit ist, erfinden, erschaffen müssen. Und dann ist da auch etwas leicht Verschwörerisches in meiner Haltung. *Im Grunde* war es ganz leicht, ganz natürlich, mir zu sagen: »Ich bin Emma Bovary.« Ich habe so oft gehört, daß die Rolle so gut zu mir passen würde, daß ich vorsichtig wurde. Zunächst, weil ich gar nicht sicher bin, daß ich Emma Bovary sein *möchte*! Und dann auch, weil sie schließlich ein Archetyp ist und sich bereits Tausende von Frauen in ihr wiedererkannt haben, so daß, auch ohne daß ich sie nachahmen mußte, es möglich und sogar wahrscheinlich ist, daß ihre Suche, ihr innerer Antrieb, ihre Verwirrung, ihre Freude am Träumen, ihre Irrtümer, ihre Bitterkeit, ihre Lebensfreude, ihre Verzweiflung in mir ein Echo gefunden haben.

CAROLINE ELIACHEFF: Haben Sie sich mit Flaubert identifiziert, als er sagte: »Echt zu wirken, scheint mir nicht die erste Voraussetzung für die Kunst« oder »Ich möchte alles schreiben, was ich glaube, nicht so, wie es ist, sondern verklärt«.

ISABELLE HUPPERT: Ja, und ich würde ein weiteres Zitat von Flaubert hinzufügen: »Man schreibt nicht mit dem Herzen, sondern mit dem Kopf, und wenn man auch noch so begabt ist, ist doch immer diese alte Konzentration nötig, um dem Gedanken Kraft und dem Wort Schliff zu geben.« Und natürlich würde ich das gerne paraphrasieren und sagen: man *spielt* nicht mit dem Herzen usw.
Und so wie er an der Wortwahl, dem Satzbau, all diesen Dingen, die man zum Schreiben eines Werkes braucht, gearbeitet hat, habe ich für die Figur der Emma an den Frisuren, den Kostümen, der Maske viel gearbeitet; ich habe mich wie eine Besessene mit all diesen Dingen beschäftigt. Die Emotionen kommen danach von selbst, das ist gar nicht so schwer. Ich hatte das Bedürfnis und bemühte mich auch sehr darum, die Form der Figur gut nachzuzeichnen.

CAROLINE ELIACHEFF: Ist das so, wie wenn man zum Beispiel ein Puzzle macht, ein sehr großes Puzzle aus Tausenden von Einzelteilen; wenn der Rahmen erst einmal liegt, kann man schon etwas erkennen. Der Rahmen wäre für Sie all das, was Sie umgibt?

ISABELLE HUPPERT: Ja, und, wie ich bereits sagte, da spielt auch der Bereich des Unwägbaren und des Gefühls mit hinein. Glücklicherweise wird die Figur dann auch irgendwie von allein lebendig. Emma hat eine ganze Reihe verschiedener Gesichter, die ich aufgebaut habe, wenn es notwendig wurde, und an die ich vorher nicht gedacht hatte. Ich versuchte fast jeden Tag, ein neues Gesicht zu erarbeiten, das jeweils einem anderen Zustand entsprach.

CAROLINE ELIACHEFF: Daß Claude Chabrol nicht eine einfache Filmbearbeitung wie Minnelli oder Renoir machen würde, wurde mir zum erstenmal bewußt, als ich an Ihr Aussehen dachte. Ich glaube, wenn er eine dunkle Schauspielerin mit schwarzen Augen gewählt hätte, wäre es vorbei gewesen.

ISABELLE HUPPERT: Vorbei – ich weiß nicht. Auf alle Fälle wäre es für mich vorbei gewesen! Es ist komisch, aber in meiner (sehr vagen) Erinnerung war sie sogar dunkel! Eigentlich war ich mir nicht einmal mehr sicher, ob ich den Roman schon einmal gelesen hatte, als ich ihn wieder-las (oder zum erstenmal las)... Diese Verwirrung ist aus zweierlei Gründen interessant: Einmal zeigt sie, daß Madame Bovary tief in der allgemeinen Vorstellungswelt verankert ist, ein bißchen, als ob sie Teil des Kollektivbewußtseins wäre. Und in Abhängigkeit davon zeigt sie außerdem, da Emma Bovary allen gehört, hat sie keine eigene Existenz oder vielmehr keine eigene äußere Erscheinung. Sie gehört jedermann und könnte jedermann sein: blond, braun, rothaarig. Diesmal ist sie eben rothaarig!

CAROLINE ELIACHEFF: Haben Sie, indem Sie sich mit Flaubert identifiziert haben, sich selbst zugesehen, wie Sie Madame Bovary spielten?

ISABELLE HUPPERT: Ja, aber ich glaube, daß ich diesen Reflex hatte, weil das Buch ständig unmerklich von Flauberts

Plakat zu Vincente Minnellis
Verfilmung von Madame Bovary
(1949)

Valentine Tessier und Pierre Renoir in Jean Renoirs
Madame Bovary*-Verfilmung aus dem Jahr 1933*

Perspektive zu der der Figur übergeht, die er uns gerade beschreibt. Als Schauspielerin bin ich in etwa genauso vorgegangen. Ich merkte, daß ich einen doppelten Blick hatte, wobei sich ein Teil von mir mit Flaubert identifizierte und der andere sich auf die Figur heftete, wodurch ich in dem Augenblick, als ich spielte, aus doppelter Perspektive sehen konnte, was ich spielte.

CAROLINE ELIACHEFF: Das erinnert mich an das Thema des Unechten in *Madame Bovary*: echte Gefühle werden durch Kitschromane oder Klischees geweckt, aber umgekehrt führt das aufrichtige Gefühl zum Klischee. Ist der doppelte Blick nicht eine mögliche Wiedergabe des Unechten?

ISABELLE HUPPERT: Und des Spotts. Damit hat der Zuschauer eine doppelte Funktion: er fühlt mit der Figur und zugleich ist es, als ob man ihm plötzlich die Fähigkeit gäbe, sie kritisch zu sehen... oder wenn nicht kritisch, dann zumindest von außen... Das liegt an der Art, wie das Buch geschrieben ist.

CAROLINE ELIACHEFF: Kann man sagen, daß Sie durch das Unechte, dadurch, daß Sie sich selbst spielen sehen, das Echte schaffen?

ISABELLE HUPPERT: Ja, wenn man echt spielen will, ist man einzig und allein darauf bedacht, die Sympathie des Zuschauers auf sich zu lenken. Ich wollte ihn eigentlich immer über die Figur, die ich interpretierte, nachdenken lassen, auf die Gefahr hin, diese Sympathie zu zerstören. Ich liebe den Gedanken, daß der Zuschauer den Standpunkt von Gefühl *und* Intelligenz einnimmt, daß man an sein Herz *und* seinen Kopf appelliert. Das habe ich oft in meinen Figuren umgesetzt, und hier, in *Madame Bovary*, war es wirklich notwendig. Das Buch ist so geschrieben, also folge ich nur der Gebrauchsanweisung, ich habe nichts erfunden, ich habe einfach nur versucht, den Sinn dieser Methode zu verstehen.
Mir scheint, daß *Madame Bovary* ausgesprochen »kinogen« ist, weil das Werk eine Reihe von Klischees in Szene setzt, und man weiß ja, daß alle großen Filme oft nichts als eine Auf-

einanderfolge von Klischees sind. Flaubert sagt übrigens: »Der Gemeinplatz wird nur von Dummköpfen oder den ganz Großen benutzt. Mittelmäßige Naturen meiden ihn. Sie suchen das Einfallsreiche, das Unebene.« Aber das ist die kleine zusätzliche Diskrepanz, die das Klischee und die Kritik am Klischee nebeneinanderstellt. Das schafft die mythologische Dimension des Werkes.

CAROLINE ELIACHEFF: Sie meinen also, wenn man überhaupt irgendein Meisterwerk der Literatur für den Film bearbeiten sollte, dann *Madame Bovary*?

ISABELLE HUPPERT: Ja. Sie wissen, daß Flaubert die zahlreichen Studien zu *Madame Bovary* »Szenarii« genannt hat. Und manche erzählerischen Vorgehensweisen, die eigentlich ziemlich neu waren – wie zum Beispiel bei der Szene der Landwirtschaftsausstellung, die mit der Liebeserklärung von Rodolphe an Emma kombiniert ist –, sind vom Kino durch die Methode der parallelen Montage aufgenommen worden. Claude Chabrol ist selbst sehr flaubertinisch, er hat immer diesen Anatomenblick gehabt... Er hat von Flaubert auch den Sinn für den Spott und das Menschliche.

CAROLINE ELIACHEFF: Paßt *Madame Bovary* auch zu Ihrer Auffassung vom Künstlerberuf, insofern als Flaubert etwas in Form gebracht hat, was Sie bereits geahnt und worauf Sie früher Ihre Arbeit aufgebaut haben?

ISABELLE HUPPERT: Ja, ein bißchen trifft das zu. Ich hatte mir bereits viele Gedanken über die Nicht-Identifizierung mit einer Figur gemacht, über die Idee, sie nicht zu respektieren, um zu versuchen, sie zu beschönigen oder sympathisch zu machen. Auf diesem Gebiet identifiziere ich mich mit Flaubert. Ich habe in ihm meinen Meister gefunden. Ich war mein Werkzeug und zugleich die, die sich des Werkzeugs bediente. Ich hatte, als ich seine Schriften, seine Korrespondenz mit Louise Colet las, das berauschende Gefühl, all die Empfindungen, all die diffusen Gefühle in mir formuliert zu finden. Ganz abgesehen von dem, was Flaubert über das

Leben im allgemeinen und nicht nur über die Literatur sagt. Da muß ich Ihnen unbedingt dieses willkürlich herausgegriffene Zitat sagen: »Der größte Ruhm befriedigt einen keineswegs, und man stirbt fast immer, ohne daß man über den eigenen Namen etwas Genaues weiß, es sei denn, man ist ein Dummkopf. Also stuft einen die Berühmtheit in den eigenen Augen nicht höher ein als das Unbekanntsein.« Oder ein anderes: »Die Kunst verlangt weder Selbstgefälligkeit noch Selbstbeschränkung, sondern nichts als den Glauben, immer nur den Glauben und die Freiheit.«

CAROLINE ELIACHEFF: Einer der neuesten literarischen Aspekte zu *Madame Bovary* ist die Rolle der körperlichen Wahrnehmung. Starobinski[1]) schreibt, Flaubert konstruiere Emmas Körper, indem er seine sichtbaren Formen (die vollen Lippen) mit ihrem sensomotorischen Verhalten assoziiere. Flaubert stelle sich perzeptive Reihen vor, die dazu tendierten, das Verlangen des Subjekts zu wecken, ohne daß es diesem bewußt werde. Das ist eine ungemein moderne Auffassung vom weiblichen Körper und vom Körper überhaupt.

ISABELLE HUPPERT: Ja, das ist eine Vision der »weiblichen Hysterie« – noch vor der Psychoanalyse; oder eine Art und Weise, das Unbewußte durch den Körper sprechen zu lassen.

CAROLINE ELIACHEFF: Und die es genauer offenbart, als die Beobachtungen von Charcot. Steht die Behandlung des weiblichen Körpers im Mittelpunkt der Sorgen einer Schauspielerin?

ISABELLE HUPPERT: Leider kenne ich Charcot nicht sehr gut, aber mit der Schauspielerin und ihrem Körper kenne ich mich aus! Dazu fallen mir mehrere Dinge ein. Zunächst eine rein technische Überlegung: Im Film ist der Körper immer zerstückelt, selten wird er in seiner Ganzheit wiedergegeben. Mal sieht man einen Kopf, mal einen Oberkörper, manchmal die Beine, den Oberkörper, selten alles auf einmal. Für eine

---

[1]) »L'échelle des températures« *op. cit.*

Schauspielerin ist das beruhigend und beängstigend zugleich. Beruhigend, weil es einem erlaubt, sich zu verstecken, zu täuschen, eine totale Illusion zu liefern; beängstigend, weil es einem bestätigt, daß man weit entfernt ist vom idealisierten Bild einer Schauspielerin und ihrem Körper. Paradoxerweise ist diese Illusion, diese »Idee« die Trägerin von Anmut, Charisma, ja sogar Erotik. Um zu Emma zurückzukommen: Starobinski mißt dem thermischen Aspekt des Körpers, dem, was er »die Temperaturskala« nennt, große Bedeutung zu.

CAROLINE ELIACHEFF: Das ist eine höchst interessante Leseart, die das, was er die thermische Achse nennt, den Gegensatz von warm und kalt, bei Körpern ebenso wie bei Gegenständen und Jahreszeiten, zum Vorschein bringt und ebenso psychologische Zustände wie auch symbolische Werte ausdrückt.

ISABELLE HUPPERT: Da war ich mir nicht ganz so bewußt, als ich die Figur verkörperte. Ich habe die Sache ein bißchen weniger sophisticated gesehen, mehr unter einem mal triumphierenden, mal depressiven Aspekt. All das wird durch das Körperliche ausgedrückt. Diese Köpersprache führt uns merkwürdigerweise zu ihrer Beziehung zu Lheureux, dem Gläubiger, denn vielleicht ist er derjenige, zu dem sie am direktesten mit ihrem Körper spricht, durch den Umweg über die Wäschestücke.

CAROLINE ELIACHEFF: Die Maskierung des Körpers …

ISABELLE HUPPERT: Corinne Jorry, die Kostümbildnerin, und ich haben die Figur der Emma zweigeteilt: in die Reuige und die Nichtreuige; alle Perioden der »Reuigen« drücken sich durch eine sehr strenge Kleidung aus, während ihre Beziehung zu Lheureux auf der Idee beruht, daß er die leidenschaftliche Erregung ihres Körpers ausnützt, wenn sie »nicht reuig« ist. Auch von daher wieder die Notwendigkeit der verschiedenen Gesichter. Am Anfang sah ich Emma Bovary ein bißchen einförmig, wie einen sehr reinen, romantischen Stich. Als ich diesen Berg von Kleidern und Hüten sah, diese wahnsinnige Anhäufung von Kleidungsstücken, habe ich zusammen mit der Maskenbildnerin, Catherine Demesmaeker, überlegt, daß es unmöglich sei, diese Kostüme nicht mit kräftigen Lippenstiften und ziemlich viel Schminke zu unterstreichen. In Emma Bovary gibt es diese Heftigkeit, diese Verrücktheit, diese Wankelmütigkeit, diese Theatralik.

CAROLINE ELIACHEFF: Sie haben da einen Gegensatz aufgestellt (die Reuige und die Nichtreuige), den andere in anderer Form ausgedrückt haben: die Mystische und die Verliebte. Wenn sie zum Beispiel mystisch ist, ist sie streng, rein, wenn sie in Sünde lebt, ist sie geschminkt. Victor Brombert[1]) drückt die Widersprüche in *Madame Bovary* und Flauberts Schwierigkeiten damit sehr gut aus, wenn er sagt, Emma lasse sich von Worten täuschen; sie sei berühmtes Opfer und zugleich Schwester all jener, die mit der Sprache und deren ungenügenden Ausdrucksmöglichkeiten kämpften. Sie kann alles mit ihrem Körper ausdrücken, und diese Sprache des Körpers steht über den Worten. Das führt uns dahin, wie ihr Umgang mit Geld behandelt wird. Während man in der Persönlichkeit Emma Bovarys zahlreiche Gegensätze unterscheiden kann, kann man erstaunlicherweise feststellen, daß sie Gefühle und die Beziehung zum Geld genau gleich behandelt, ohne einen Unterschied in der Bewertung, und das wird immer deutlicher, denn sie stirbt nicht aus Liebeskummer.

ISABELLE HUPPERT: Nein, sie stirbt wegen ihrer Geldprobleme. Das stellt den zwanghaften Aspekt der Figur klar heraus, ob es sich nun um Sexualität, Besitz oder Geld handelt. Ihr ganzes Interesse gilt immer wieder der idealen Darstellung ihrer selbst – ob durch Liebe oder Geld, das ist ihr ziemlich egal. Aber auch Gustave Flaubert entscheidet sich dafür, daß dieser Tod lächerlich sein soll. Eigentlich könnte er sie aus Liebe sterben lassen. Diese ununterbrochene Mischung aus (lächerlichen) Ursachen und (tragischen) Folgen ist besonders interessant.

[1]) Victor Brombert, *Flaubert par lui-même,* Seuil, Paris, 1971.

Midi, Devéria (1886)

Details an Emmas Kleidung

CAROLINE ELIACHEFF: Für Emma zählt die Wiederbelebung der Begierde, und ihre Begierde wird wiederbelebt durch die Unzufriedenheit, welcher Art sie auch immer sei.

ISABELLE HUPPERT: Larry Riggs[1]) findet, daß Flaubert wichtige Analogien zum Verständnis von Emmas Psyche anbietet, die auf der Parallelität zwischen ihrem Gefühlsleben und ihren finanziellen Affären beruhen. Riggs meint, daß Emma im Grunde ihr Klosterleben nie hinter sich gelassen habe. Sie habe sich weiterhin mit Bildern und Büchern umgeben, die ihrer Selbstwahrnehmung schmeichelten. Außerdem sei sie zu kontinuierlichem Arbeiten und unvoreingenommenen Überlegungen nicht fähig. Man stellt sich jemanden vor, der keinerlei Befriedigung finden kann, keine Kompensation, keine Ruhe in einer bestimmten Tätigkeit... Dies ist ein weiblicher Charakterzug, der nicht oft dargestellt worden ist.

CAROLINE ELIACHEFF: Ist das ein weibliches Klischee?

ISABELLE HUPPERT: Ich fürchte, ja. Auf alle Fälle ist das für mich einer der rührendsten Aspekte der Figur: die Verzweiflung, die aus der Leere hervorgeht. Riggs vertieft diese Überlegungen, wenn er feststellt, daß Emma in ihrer Unfähigkeit zu kontinuierlichem Arbeiten und unvoreingenommenen Überlegungen stets versuche, Ereignisse und Menschen in ihrem Umfeld mit den Erfahrungen, die sie aus ihrer Literatur schöpfte, und ihren kindlichen Träumen in Einklag zu bringen. Genaugenommen leide Emma an ihrem Bedürfnis, ihr gesamtes Leben ihrem Ich-Ideal unterzuordnen. Eine andere Methode, diese Leere auszufüllen, liegt für Emma in der Wahnvorstellung, sich durch ihre zeitweilige Brutalität, ihre äußere Erscheinung oder ihre Freude am Erobern wie ein Mann aufzuführen.

CAROLINE ELIACHEFF: Es gibt mehrere Passagen, wo Emma sich zu ihrer Männlichkeit bekennt: »Sie zog sich einen

[1]) »La banqueroute des idéaux reçus dans *Madame Bovary*«, in *Aimer en France, 1760–1860,* Université de Clermont-Ferrand II.

Lucas Belvaux, Isabelle Huppert

Isabelle Huppert, Christophe Malavoy

Seitenscheitel und kämmte sich das Haar wie ein Mann.« Für Baudelaire verkörpert Emma die männlichen Eigenschaften des Dandytums und der Phantasie.

ISABELLE HUPPERT: Als ich die Rolle interpretierte, dachte ich, daß sie wie Don Juan Spaß am Erobern hatte, aber nicht die Mittel dazu, weil es ihr an Zynismus fehlt. Außerdem hat Don Juan 1003 Mätressen und Emma hat nur zwei Liebhaber! Nein, eigentlich ist sie eher ein weiblicher Don Quijote! Übrigens hat sie keine wirklichen gesellschaftlichen Ambitionen, nur erträumte. Sie lebt in ihrer Phantasie.

CAROLINE ELIACHEFF: Emma Bovary liebt das Erobern, aber sie glaubt an die Liebe. Während Rodolphe ein Dorf-Don-Juan ist, der nur ans Erobern glaubt.

ISABELLE HUPPERT: Natürlich glaubt sie an die Liebe – oder zumindest an eine bestimmte Vorstellung von der Liebe. Diese Vorstellung läßt sie innerlich erbeben, und zweifellos wird ihr durch Léon der Unterschied zwischen der Liebe und ihrer Vorstellung von der Liebe am deutlichsten: als sie, nach einem Zusammensein mit ihm, gedankenverloren an ihrem ehemaligen Kloster vorbeigeht, und Flaubert schreibt: »Aber es half nichts, sie war nicht glücklich.« Man kann denken, daß Madame Bovary außerhalb der Wirklichkeit steht, daß sie sich ihre Liebesgeschichten erfindet, daß es ihr an Distanz fehlt, daß alles auf pathetische Weise auf ihre eigene Subjektivität zurückgeführt wird. Man kann auch denken, daß sich in ihr etwas sehr Legitimes ausdrückt, und das gestehe ich ihr zu. Madame Bovary kämpft, sie kämpft um ihr Überleben mit Mitteln, die ihre eigenen sind, gegen subjektive und objektive Barrieren, die sich vor ihr aufrichten. Sie ist von vorneherein durch die Frauenfeindlichkeit ihrer Umgebung verurteilt. Trotz seiner Hellsichtigkeit verurteilt selbst Flaubert sie manchmal. Manchmal spricht er sie aber auch frei, wobei er seine eigene Erfahrung und seine eigenen Widersprüche in seine Sichtweise integriert. Die subjektiven Barrieren sind natürlich Emmas Schuldgefühle, die sich sporadisch und auf eine sehr merkwürdige Weise äußern:

ein bißchen so, als ob sie sich ihrer bedienen würde, um ihre Begierde wiederzubeleben oder um ihre Gelüste zu dosieren. Manchmal wird sie davon überflutet, wenn man es gar nicht erwartet. So läßt sie zunächst ihre Geschichte mit Léon keine Gestalt annehmen, darauf folgt eine intensive Zeit der Schuldgefühle, auf die wiederum eine Zeit der Liebe zu ihrem Ehemann folgt, doch bei Rodolphe empfindet sie eigentlich keine Schuld. Ich habe mich immer gefragt, was passiert wäre, wenn Rodolphe sie mitgenommen hätte …

CAROLINE ELIACHEFF: Nach ihrem Weggehen hätte sie sich schuldig gefühlt!

ISABELLE HUPPERT: Vielleicht. Sie ist genauso gründlich in der mystischen Reue, wie sie gründlich ist bei der Idee wegzugehen. Flaubert vergleicht sie mit jenen Hungernden, die nicht in der Lage sind, sich zu ernähren. Ihr Appetit auf das Absolute stellt sie neben die mystische Jungfrau ihrer Pläne. An diesem Einsatz geht sie zugrunde. Emma stirbt ihren eigenen Tod, aber Flaubert läßt Madame Bovary sterben, und das hat fast die Dimension eines Opfers. Flaubert läßt sie sterben, er opfert sie auf dem Altar der Weiblichkeit. Danach werden Frauen vielleicht nicht mehr daran sterben, daß sich ihr Verlangen nicht erfüllt hat!

CAROLINE ELIACHEFF: Nach *Madame Bovary* kann man nicht mehr schreiben wie vorher. Ich fand es zu eindimensional, in Flaubert nur den Vorläufer des Nouveau Roman zu sehen … Starobinski schreibt, wieder in bezug auf den Körper, der liegende Körper, der in sich hineinhöre, welches obskure organische Geschick ihm bestimmt sei, sei der erste einer ganzen Reihe von lauernden »liegenden Körpern«, die uns in der modernen Literatur, bis hin zu Samuel Beckett, ständig dargeboten würden. Und Flaubert hatte, ebenso wie Beckett, den Ehrgeiz, ein Buch über *nichts* zu schreiben. Was Flaubert als *nichts* bezeichnet, erinnert mich an das Unbewußte. Aber ich glaube nicht, daß man den Vergleich mit der Psychoanalyse bemühen muß, weil die Literatur immer über der Psychoanalyse steht.

ISABELLE HUPPERT: Das ist ein schöner Gedanke, das mit dem »liegenden Körper«. Das erinnert an Bewegungslosigkeit. Aber dieser »lauernde Körper« ist aktiv, allein schon durch seine Existenz. Er agiert durch seinen Blick und alles, was ihn umgibt, prägt sich in ihn ein und durch ihn aus. Wenn ich das auf meine Erfahrung als Schauspielerin übertrage, gefällt mir der Gedanke, daß mein Spielen das Ergebnis einer »Impression« und nicht einer »Expression« sein könnte.

CAROLINE ELIACHEFF: Das ist aber sehr gewagt…

ISABELLE HUPPERT: Ja, aber ich glaube, es gibt eine moderne Art des Schauspielens, die eben gerade darin besteht, daß es interessanter ist, etwas über Eindrücke zu vermitteln als es direkt auszudrücken. Die Gefahr besteht darin, daß man das manchmal nicht erkennt. Das, was beeindruckt, ist eben das direkte Ausdrücken, aber das ist nicht immer das Beste! Natürlich bin ich noch nie mit dem Gedanken aufgewacht: »Es wäre vielleicht schicker, wenn ich mehr Eindruck vermitteln als Ausdruck bringen würde.« Eine lange Entwicklung hat mich in diese Richtung gedrängt. Am Anfang war mir das nicht bewußt, doch dann habe ich begriffen, daß es darum ging, mein eigenes Unbewußtes mit einzubringen. Tatsächlich ist »die Impression« das Unbewußte.

CAROLINE ELIACHEFF: Werden Sie also nach *Madame Bovary* überhaupt noch spielen können wie vorher?

ISABELLE HUPPERT: Jeder Film ist eine Etappe auf einem Weg, der mich nach oben führen soll. Sicher habe ich mir Freiheiten genommen, an die ich mich erinnern werde. Zum Beispiel, auch wenn es paradox klingen mag, habe ich gedacht, daß Emma in gewissem Sinn etwas Theatralisches hat, das man durch ein etwas äußerlicheres Spiel wiedergeben müßte. Ich weiß nicht, inwiefern das dem widerspricht, was ich vornhin über Impression und Expression gesagt habe.

CAROLINE ELIACHEFF: Da ist die Mystische und die Verliebte, die Reuige und die Nichtreuige, und das wird durch Ihr Spiel

Isabelle Huppert

wiedergegeben, einmal mit Hilfe der Impression, einmal durch die Expression. Das ist kein Widerspruch, vielmehr ein Wechsel: Um Impressionen zu vermitteln, muß man manchmal zur Expression greifen.

ISABELLE HUPPERT: So ungefähr ist es. Es gibt Augenblicke, wo sie allein durch die Straßen geht, wo sie sich darstellt, als ob sie sich auf einer Bühne befinden würde. Wenn Emma sich zu Lheureux begibt, spielt sie, als ob ihr eine Menschenmenge zusehen würde.

CAROLINE ELIACHEFF: In den unechten Situationen ist sie am authentischsten. Aber sie weiß, daß sie spielt, sie agiert, sie empfindet…

ISABELLE HUPPERT: Ja, aber ohne zu denken. Wenn jemand denkt, dann ist es Flaubert. Flaubert schildert den Ball, und unmerklich sieht man, was sie über den Ball denkt, aber die globale und distanzierte Überlegung zu dem Ball liefert uns nicht sie, sondern Flaubert.

CAROLINE ELIACHEFF: Sie empfindet den Ball, sie fühlt ihn, sie projiziert ihre Gedanken auf die Personen, aber sie denkt über den Ball nicht nach, sie baut ihn nicht auf. Wenn sie ihn begreift, dann durch den Vergleich, durch das Äußerliche.

ISABELLE HUPPERT: Zu dem Vergnügen, das es ihr bereitet, den Ball zu sehen und – vor allem – dabei zu sein, gesellt sich sofort die Sehnsucht, die sich aus dem Vergleich mit dem, was sie nicht hat, entwickelt. Übrigens verfällt sie sofort nach dem Ball in ihre Depressionen. Emma hat Gedanken, aber sie denkt nicht wirklich auf konstruktive Weise, und das legt eine bestimmte Spielweise fest. Sie ist nicht intelligent… sie ist zwar intelligenter als die Leute in ihrer Umgebung, insofern, als sie sich als einzige weigert, die Mittelmäßigkeit zu akzeptieren, und auch handelt, um sich auszudrücken. Aber sie kann die Welt nie sehen, wie sie ist, weil alles, was sie sieht, in ihr das Bild entstehen läßt, was sie sein könnte. Ich finde, daß das einer der rührendsten, der bewegendsten Aspekte der Figur ist. Sie ist ständig von diesen Bildern gefangen, die sie widerspiegeln und denen sie sich nie entziehen kann. Sie ist ständig auf der Suche nach Situationen oder Menschen, die ihrer Phantasie Nahrung geben werden.

CAROLINE ELIACHEFF: Emma Bovary ist nicht intelligent, aber sie ist nicht kleingeistig. Sie hat ein Ideal, und wenn es auch nur das wäre, »nach dem fernsten Glück zu streben«.

ISABELLE HUPPERT: Sie hat ein Ideal, wenn sie mittelmäßig wäre, würde sie nicht sterben. Sie stirbt, weil sie nicht mittelmäßig ist, das ist plötzlich der Punkt in der Geschichte, wo sich das auf tragische Weise bestätigt. Hier verwirklicht sie sich, hier wird sie zur Heldin, hier erreicht sie ihr Schicksal mit einer Art Instinkt, der ihr in dem Moment, in dem sie stirbt, ein Gefühl der Heldenhaftigkeit verleiht.

CAROLINE ELIACHEFF: Gibt es Humor bei Flaubert?

ISABELLE HUPPERT: Nein, Humor gibt es nicht, aber es gibt das Lächerliche, das durch Ironie zum Ausdruck kommt. In dem Roman ist das eine formale Ironie, die oft an die Wahl der Worte und ihre Anordnung gebunden ist, aber man wird von dieser Ironie durchdrungen und es bleibt etwas davon übrig, wenn man die Figur spielt. Es gibt sehr lustige Stellen in dem Buch, Emma Bovary hat manchmal etwas Komisches an sich; zum Beispiel, als sie reuig ist und ihre Tage damit verbringt, Pistaziencreme zuzubereiten: Die Wortwahl ist hier komisch, denn das Wort »Pistazien« hört sich in dem Satz ulkig an. Der ironische Moment verleiht der Figur oft auf leichte und angenehme Weise etwas Farbe. Bestimmte Szenen mit Christophe Malavoy haben bei uns ein Gefühl der Heiterkeit ausgelöst: da war etwas in der Wortwahl, den Szenen, der Schreibweise, was hart ans Klischee grenzte, und wir mußten schrecklich lachen.

CAROLINE ELIACHEFF: Geht es um die Szene hinten im Garten, die ihrer vermeintlichen Abreise mit Rodolphe vorangeht?

ISABELLE HUPPERT: Ja, das ist eine irreale Szene, die wahnsinnig romantisch sein soll und bei der es doch nur um materielle Einzelheiten geht. Christophe sagte zu mir: »Bist du sicher, daß du zur Bank gegangen bist?«, »Hast du an die Traveller-Schecks gedacht?« Wir haben so gelacht, daß wir beinahe die Dreharbeiten unterbrechen mußten...

II

Eine durch und durch schwarze Aura

Madame Bovary,
die letzte romantische Heldin

Flaubert, die Kunst,
das Groteske und das Leben

Der Balkon *von Edouard Manet (1868/69). Der Ausschnitt zeigt Berthe Morisot*

Eine durch und durch schwarze Aura

Welche Farbe haben Emmas Augen? Die Leser von *Madame Bovary* haben Schwierigkeiten, sich daran zu erinnern. Variiert sie Flaubert nicht selbst, je nach Zeitpunkt oder je nachdem, wer die junge Frau ansieht? Für Emmas Liebhaber oder zukünftige Liebhaber sind ihre Augen schwarz. »Sie ist sehr nett, diese Doktorsfrau!« stellt Rodolphe fest. »Schöne Zähne, schwarze Augen, ein koketter Fuß und eine Haltung wie eine Pariserin.« Und auch Léon hatte bereits ihre »großen, weit geöffneten schwarzen Augen« bewundert.

Aber sind diese Augen nicht auch hin und wieder braun gewesen? Kommt es nicht vor, daß sie blau werden? Die Frage ist vielleicht nicht besonders interessant... Es sei denn, man dehnt sie weiter aus: Was sind die Augen einer Romanfigur? Und die Worte, die Farben, aus denen der Romanautor sie formt? Seltsamerweise beschreibt Flaubert Emmas Augen am eindringlichsten, wenn er sich Charles' Blick bedient. Der junge Arzt sieht Emma zum ersten Mal auf dem Bauernhof ihres Vaters. Er bemerkt »ihre Nägel«, »ihre Hand«. Aber er sieht vor allem ihre Augen: »Schön an ihr waren ihre Augen; eigentlich braun, wirkten sie durch die langen Wimpern fast schwarz, und ihr offener Blick strahlte einen mit dem Freimut der Unschuld an.« Ein wenig später, in der ersten Zeit nach der Hochzeit – Charles »war jetzt ganz glücklich und hatte keine Sorgen mehr in dieser Welt« –, scheint ihm Emmas Augenfarbe eher zwischen Schwarz und Blau zu liegen. Die Jungvermählten liegen »morgens im Bett, Seite an Seite auf demselben Kopfkissen«. Charles beugt sich über Emma. »So aus der Nähe betrachtet, kamen ihm ihre Augen noch viel größer vor, besonders, wenn sie beim Erwachen die Lider mehrmals hintereinander aufschlug; im Schatten schwarz, tiefblau am hellen Tag, hatten sie gleichsam verschiedene Farbschichten, die nach dem Grund hin immer dunkler wurden und sich nach der schimmernden Oberfläche zu aufhellten.« Natürlich fließt sogleich ein wenig Einfalt mit ein: »Sein eigenes Auge verlor sich in diesen Tiefen, und er sah sich selbst ganz klein darin gespiegelt, bis zu den Schultern, mit dem Tuch um den Kopf und dem Kragen seines halboffenen Nachthemds.« Einen Augenblick lang jedoch haben wir – dank Charles, so schwerfällig er auch sein mag – das Glück des Romanschriftstellers geteilt, der eine Farbschicht nach der anderen aufträgt, um zwei rätselhafte Augen zu schaffen.

Emmas Haar dagegen ist eindeutig schwarz. Eines Morgens entdeckt Justin, wie wundervoll es ist: »... und als er zum erstenmal diese ganze Haarflut in dunklen Wellen bis an die Kniekehlen hinab sich entrollen sah, war es dem armen Jungen, als täte sich etwas Unerhörtes und Neues vor ihm auf, dessen Herrlichkeit ihn erschreckte.« Dieses dunkle Haar ist eine Versuchung und könnte sich zu einem ozeanischen Element ausdehnen, in dem man sich verliert – wie bei Baudelaire. An anderer Stelle – aber in einem Satz, den Flaubert dann schließlich gestrichen hat – wurde das Haar zu einem Diadem, das Emma als eine Statue, ein Idol erscheinen ließ: »... vorn machte es einen leichten Bogen, wie zwei Muscheln aus Ebenholz, und betonte mit bläulichem Schimmer die matte Blässe ihrer Stirn, die etwas Gefühlloses und etwas Erbarmungsloses hatte.« Flüchtig erscheint ein weiterer Hauch von Schwarz in Emmas Gesicht – zum Beispiel »in den Winkeln ihrer vollen Lippen, die von ein wenig schwarzem Flaum beschattet waren« –, und während er von diesem Detail spricht (allerdings im Verlauf eines Satzes, auf den er ebenfalls verzichtet hat), hat Flaubert den Impuls, sein schriftstellerisches Schaffen den Kriterien eines Zeichners oder Maskenbildners anzugleichen, »als ob ein launiger Finger sie vorsichtig mit Kohlenstaub verschmiert hätte.«

Wundervoll, dieses Haar! Aber wie verletzlich es durch Emmas Tod wird! Denn Charles hat nach einer Locke verlangt und Homais schneidet sie ungeschickt ab: »Es entstanden ein paar bleiche kahle Stellen mitten in dem schönen schwarzen Haar.« Diese Haarsträhne hält Charles am Ende des Romans, als er selber stirbt, in der Hand: »Sein Kopf war hintenüber gelehnt, die Augen geschlossen, der Mund stand offen. In den Händen hielt er eine lange schwarze Haarlocke.«

Wenn Emma frisiert ist (und nicht von Justin überrascht wird oder in Rodolphes oder Léons Armen liegt), liegt ihr Haar symmetrisch und glatt an ihrem Kopf an, zum Beipsiel, als Charles sie das erstemal sieht: »Ihr Hals erhob sich aus einem weißen Umlegekragen. Ihr schwarzes Haar lag so glatt an, daß es aussah wie aus einem Stück, getrennt nur durch den feingezogenen Scheitel in der Mitte.« Auch Madame Arnoux in der *Education sentimentale* trägt das Haar so, und Flaubert beschreibt es wie eine zärtliche Geste, die das Gesicht selbst aufnimmt: »Ihr schwarzes Haar umgab die hohen Bögen ihrer Augenbrauen, fiel dann sehr tief hinab und schien das Oval ihres Gesichts liebevoll zu umfangen.« Und Frédéric genießt später noch einmal seinen Glanz, als ob die schwarze Farbe nie darin trocknen würde: »... er sah sie an. An der rechten Schläfe hatte sie einen kleinen Schönheitsfleck; an den Seiten war ihr Haar noch dunkler als sonst, und an den Rändern schien es immer ein wenig feucht zu sein.«
Von Emma zeichnet Flaubert ein wundervolles Porträt, als sie an ihrem Toilettentisch sitzt und sich für den Ball in Vaubyessard schmückt. Und wieder sehen wir sie mit Charles' Augen. Vielmehr betrachtet Charles Emmas Bild im Spiegel, in dem sich die junge Frau selbst ansieht. Er sieht, wie sie sich sieht. »Er sah, hinter ihr stehenbleibend, ihr Bild im Spiegel zwischen zwei brennenden Kerzen. Ihre schwarzen Augen schienen noch schwärzer als sonst. Ihr glatt gescheiteltes, nach den Ohren zu leicht gewelltes Haar schimmerte bläulich; in ihrem Chignon zitterte an lockerem Stengel ein Rose mit künstlichen Tauperlen in den Blättern...« Um diesen Glanz hervorzubringen – in dem sich eine Falle andeutet – entspricht das Schwarz der Haare dem der Augen. Es umhüllt den Kopf, »schmeichelt« dem Gesicht

und läßt diesen Frauenkopf rund um die Augen und um die Nacht, die sie verbergen, noch dunkler erscheinen.

Ob die Augen jetzt braun, blau oder schwarz sind, die »Augensterne« sind schwarz, denn sind es nicht Öffnungen? In der ersten *Education sentimentale*, dem Roman, den der Autor vor *Madame Bovary* schrieb und den er nicht veröffentlicht hat, hat Flaubert zwar Iris und Pupille miteinander verwechselt: »Sie hatte lange, aufwärtsgebogene Wimpern und schwarze, mit einem feinen gelben Netz durchwobene Augensterne, deren Ebenholzschwarz wie von goldenen Strahlen durchbrochen war.« Aber überall sonst ist der Augenstern nichts anderes als die Pupille: eine Öffnung, durch die die Lichtstrahlen ins Auge dringen.

Haben wir durch die zweifache Öffnung der Pupillen nicht Zugang zum Innern des Menschen? Es kommt in der Tat vor, daß wir einen kleinen Einblick erhalten in das, was in Madame Arnoux vorgeht: »Ihre schönen schwarzen Augen, deren Hülle glänzte, bewegten sich sanft unter ihren ein wenig schweren Lidern, und in der Tiefe ihrer Pupillen lag eine unendliche Güte.« Emma dagegen ist verschlossen: »Sie wandte sich um, das Kinn gesenkt, die Stirn vorgeneigt. Das Licht glitt wie über Marmor bis an die Bogen der Augenbrauen, und niemand hätte sagen können, in welche Fernen Emma blickte, noch was in ihrem Innern vorging.«

Jemandem in die Augen zu sehen, zu versuchen, seinen Blick einzufangen und zu verstehen, heißt, Opfer des banalsten, des unausweichlichsten aller Rätsel zu sein, nämlich eines fremden Innenlebens. Von diesem Innenleben wissen wir, daß es bestimmt dem unseren recht ähnlich ist; und dennoch empfinden wir es als völlig unbegreiflich. Wenn es aus einem Blick strahlt, der auf uns fällt, wirkt es eher anziehend als umhüllend, vielleicht, weil es in uns erkennt, was wir über unser eigenes Innenleben nicht wissen. Auf alle Fälle versuchen wir vergeblich, es eindeutig zu bestimmen, obwohl wir uns unbewußt vorstellen, es durchdringen zu können.

Mehr als andere Schriftsteller verwehrt sich Flaubert das Recht, souverän über das Innenleben seiner Figuren zu verfügen. Das innere Dunkel seiner Figuren scheint seinem Schreiben

Skizze einer antiken Schönheit – von Charles Baudelaire

selbst Widerstand zu leisten. Aber ist nicht Flaubert derjenige, der dieses Zentrum der Undurchsichtigkeit geschaffen hat? Weiß er nicht um sein Geheimnis? Wir wären also falschen Mysterien aufgesessen... Dennoch liegt die Stärke des Autors hier darin, daß er sie bewußt nur andeutet. Indem er Emma feinfühlig beschreibt – ihr Gesicht, ihr Haar, ihre Augen, ihre Augensterne – umhüllt er, was für ihn ein Ort dunkler Nacht bleibt. Im Netz seiner Sätze hält er fest, was er nicht beherrschen kann. In Abschnitten, die Flaubert dann letztendlich weggelassen hat, war Léon ganz und gar Emmas Verführung ausgeliefert: »Während er Emmas glatt gescheiteltes Haar betrachtete, in dem das Licht der Lampe ebenholzschwarze Wellen aufschimmern ließ, kam in seine Seele langsam so etwas wie eine Erinnerung an ähnliche Ausstrahlungen und vergessene Gefühle.« Indem er Leóns Begierde bis in die Einzelheiten beschreibt, stellt der Autor – beinahe zu unverblümt – ein wenig von seiner eigenen Erwartung dar; er lauert in seinen Sätzen auf das Auftauchen dieser so nahen Anderen: Emma. »... Emma erschien ihm manchmal in dem Strahlen, das von ihr ausging, zu verschwinden. Aber plötzlich, wenn sie ihm das Gesicht zuwandte und er die zwei bebenden schwarzen Augensterne sah und die feuchten Lippen, wenn sie sprach, und die glänzenden weißen Zähne, durchfuhr ihn eine unvermittelte, bittere, scharfe Begierde, und er hatte Lust, ihre Schultern zu berühren, um sie wenigstens mit einem anderen Sinn als nur mit den Augen kennenzulernen.«
Wenn Flaubert bei der Beschreibung von Emmas Augen variiert, wenn er bei ihrer Farbe unbestimmt bleibt, dann deshalb, weil er sich einer Intensität nähert, die seine Schriftstellersprache nicht festhalten kann, oder die er vielmehr unbeständig, pulsierend lassen möchte.
»Das Verlangen zu malen«: so lautet der Titel eines der rhythmischsten Prosagedichte des *Spleen de Paris* von Baudelaire. Das Verlangen des Menschen und das Verlangen des Dichters werden darin von Anfang an miteinander verglichen: »Unglücklich vielleicht der Mensch, aber glücklich der Künstler, den das Verlangen peinigt!« Eigentlich ist das Verlangen selbst gepeinigt. Es ist erotisch und poetisch zugleich, aber niemals im selben Augenblick: »Ich brenne, jene zu malen, die mir so selten

erschien und die so rasch entflohen ist, wie etwas Schönes, schmerzlich Vermißtes hinter dem nächtlichen Reisenden verweht.« Im gleichen Maß wie sie rätselhaft ins Dunkel entgleitet, weckt die Schönheit das Bedürfnis zu sagen: »Sie ist schön und mehr als schön; sie ist überraschend.« Die Schönheit der Frau drängt sich dem Gedicht auf, um darin besser zur Quelle der Nacht zu werden: »Sie hat eine durch und durch schwarze Aura: und alles, wozu sie inspiriert, ist nächtlich und tief. Ihre Augen sind zwei Höhlen, in denen unergründlich das Geheimnis funkelt, und ihr Blick zuckt auf wie der Blitz: eine jähe Helle in der Finsternis.«

Bei Flaubert scheinen sich die Pupillen weniger den Lichtstrahlen zu öffnen als vielmehr das innere Feuer oder die innere Nacht entweichen zu lassen.
Traumtheater, schillernde Geschichten des Phantastischen oder des Wunderbaren: man ist nicht allzu überrascht, daß in der *Versuchung des heiligen Antonius,* in der *Legende von Sankt Julianus dem Gastfreien* oder in *Herodias* die stechenden Blicke aus zahlreichen Pupillen eine autonome Wirklichkeit und Macht annehmen. »Aus Hilarions Pupillen scheinen rote Pfeile hervorzuschießen«, schreibt Flaubert in der *Versuchung.* Und in *Sankt Julianus* funkeln überall Augen: von Menschen und Tieren, von Lebendigen und Toten, die eines »Bohemiens« oder jenes »Leprakranken«, von dem sich herausstellt, daß er Christus ist. Nachdem Julianus seinen Vater getötet hat, fühlt er sich von den Augen des Toten verfolgt: »... und er sah zwischen den halboffenen Lidern eine erloschene Pupille, die ihn verbrannte wie Feuer.« Dieses tote Feuer wird in den Augen des von *Herodias* enthaupteten Johannes des Täufers wieder erscheinen.
Es ist erstaunlich, daß in *Madame Bovary* – einem Roman über den banalen normannischen Alltag, der jedes mittelalterlichen oder orientalischen Zaubers beraubt ist – die Pupillen so brennende Strahlen aussenden können. So Emma, als sie Charles gegenübersteht: »Sie richtete auf Charles die brennende Spitze ihrer Pupillen wie zwei Feuerpfeile, die bereit waren, abgeschossen zu werden.« Dann bei Rodolphe: »Ihre tränenerfüllten Augen blitzten wie Flammen unter Wasser.« Mit Léon scheinen die

Blicke zunächst in zärtlicher Übereinstimmung zu sein, um dann um so besser das Innere der beiden Liebenden, eins durch das andere gerufen, zu offenbaren: »Sie sprachen nicht mehr, aber sie sahen einander an und spürten dabei ein Brausen in ihren Köpfen, und jedem war es, als ströme dieses Getön aus den unbewegten Augensternen des anderen.« Doch bald reißt ihn die Macht von Emmas Blick mit: »Eine teuflische Kühnheit ging von diesen lodernden Augensternen aus.«
»Wie zwei Feuerpfeile«, »wie Flammen«, »wie ein Getön...«: immer heißt es »wie«. In Wirklichkeit – der Wirklichkeit des Romans – gibt es weder Pfeile, noch Flammen, noch Töne. Aber Emmas Blick legt Vergleiche nahe. Sie sind wie Wellen, die sich in der Sprache des Romans bilden, sobald er sich dem annähert, was er nicht sagen kann.

Emmas schwarzes Haar oder ihre schwarzen Augen stehen im Gegensatz zum Blond anderer Haare und zu Blau oder Bläulichen anderer Augen – denen von Léon (»seine großen blauen Augen, die zu den Wolken aufblickten, erschienen Emma klarer und schöner als jene Bergseen, in denen sich die Sonne spiegelt«) oder von Bertha.
Man könnte dieses Schwarz nicht nur mit dem vergleichen, das in Baudelaires »Haarflut« glänzt (ob er sie in Versen oder in Prosa ausbreitet), sondern auch mit dem Schwarz, das aus manchen Porträts von Manet strahlt. *Berthe Morisot mit Veilchenstrauß* ist eine einzige Finsternis. Valéry kommentiert dieses Porträt in *Triomphe de Manet:*[1])
»Vor allem das *Schwarz*, das absolute Schwarz, das Schwarz eines Trauerhutes und der Bänder dieses kleinen Hütchens, das sich mit kastanienfarbenen Haarsträhnen mit rosa Reflexen vermischt, dieses Schwarz, das nur Manet zu eigen ist, hat mich ergriffen. Dann ist da eine breite, schwarze Schleife, die über das linke Ohr herabhängt, den Hals umschlingt und ihn unförmig wirken läßt; und der schwarze Umhang, der die Schultern bedeckt, im Ausschnitt eines weißen Hemdkragens ein wenig helle Haut sehen läßt.

[1]) In Deutschland erschienen unter dem Titel *Über Kunst*: Essays, Frankfurt/Main 1973.

Berthe Morisot mit Veilchenstrauß,
Edouard Manet (1872)

Diese auffallenden Flächen von intensivem Schwarz rahmen ein Gesicht mit zu großen schwarzen Augen ein, die zerstreut und wie abwesend wirken.«
Man könnte dieses Schwarz auch mit dem Blond oder Rot anderer Porträts von Manet vergleichen, denen, die er von Méry Laurent malte, von deren Haar Mallarmé spricht wie von einer Feuersbrunst, von einem Sonnenuntergang:
»Das Haar wie der Flug einer Flamme…«

Aber Emmas Schwarz ist mehr als eine Farbe, die man gern mit dem Blau, dem Blond, dem Fahlrot vergleichen oder in Gegensatz dazu setzen würde. Es ist das Schwarz eines Innern, das plötzlich in Feuerpfeilen aus den Pupillen hervorbricht. Es ist das Schwarz des Verlangens, das Emma in sich trägt und das sie begehrenswert macht.

Emma verströmt und kondensiert in sich eine Nacht, die flüssig ist und auch an anderen Stellen im Roman fließt. Manchmal kommt sie wieder, um ihren Körper, ihr Gesicht zu umhüllen. Zum Beispiel noch einmal in Vaubyessard. Der Ball ist diesmal zu Ende. Es geht nur noch darum, eine sehnsuchtsvolle Erinnerung daran mitzunehmen:
»Emma nahm ein Tuch um die Schultern, machte das Fenster auf und lehnte sich hinaus.
Die Nacht war schwarz. Ein paar Regentropfen fielen. Sie atmete den feuchten Wind, der ihr die Augenlider kühlte. Die Ballmusik summte ihr noch in den Ohren, und sie suchte sich mit aller Gewalt wach zu halten, um noch jede Minute dieses traumhaft glanzvollen Erlebens auszukosten, das nun gleich wieder enden sollte.«
Am anderen Ende ihres Schicksals erscheint sie dem kleinen Justin in einer ganz anderen Beziehung zur Nacht. Emma hat beschlossen, Schluß zu machen; sie muß nur von dem Jungen den Schlüssel bekommen, um Zugang zu Homais' »Karpernaum«, dem Arsen, das er dort aufbewahrt, dem Tod zu erlangen:
»Er sah sie an, ganz erschrocken über ihr blasses Gesicht, das sich weiß vom Dunkel der Nacht abhob. Sie kam ihm überirdisch schön vor und hoheitsvoll wie eine Erscheinung aus einer andern Welt. Ohne zu begreifen, was sie wollte, hatte er die Ahnung von etwas Schrecklichem.
Aber sie beharrte lebhaft, mit gedämpfter Stimme, einer weichen, betörenden Stimme: ›Ich will ihn haben! Gib ihn mir!‹«

Schwarz ist das »betörende« Verlangen: es ist ein Abgrund, auf dessen Grund jedes Ding fast unvermittelt lächerlich erscheint.
Baudelaire hat in Emma – wie in Flaubert und in sich selbst – »die Hysterie« erkannt. In seiner hervorragenden Studie über

Madame Bovary vergleicht er »Madame Bovary, die Verzweifelte«, mit »einer kleinen Lady Macbeth, die mit einem unzulänglichen Feldherrn verheiratet ist«. Emma wird von einem Verlangen beherrscht, das unsere Vorstellungskraft um so mehr fasziniert, als es von vornherein heimlich und unwillentlich alles, worauf es sich richtet, zerstört. Den Wunsch zu wagen, das Objekt einer solchen Begierde zu sein, bedeutete, sich auf gefährliche Art und Weise zu exponieren. Aber stürzt sich Emma nicht selbst in den Abgrund ihrer Begierde? Indem sie sich zerstört, läßt sie frei, was sie schon immer verzehrt hat, sie gibt ihr Geheimnis der Nacht wieder.

Welche Nacht ist es, aus der die Begierde entströmt und wohin sie in die Gleichgültigkeit zurückkehrt? Ist es die Nacht der Melancholie? Sie verschlingt unbarmherzig alle Augenblicke: die, die die Figuren erleben, die in denen der Romanautor schreibt. »Woher kommen diese Anfälle von düsterer Stimmung, von denen man manchmal überfallen wird? Das steigt empor wie eine Flut. Man fühlt sich ertrinken, man muß fliehen. Ich lege mich dann auf den Rücken, ich tue nichts und die Flut geht vorüber.« (Brief von Flaubert an George Sand, 27. November 1866). Die Nacht liegt Flauberts Schreiben zugrunde; das Schwarz dieser Tinte wird Mallarmé funkeln sehen.
Bei Flaubert wie bei Baudelaire, bei Manet wie vielleicht bei Courbet ist die Nacht mehr als ein Thema, Schwarz mehr als eine Farbe. Alles, was in den Romanen, den Gedichten der einen oder den Bildern der anderen erscheint, tendiert dazu, mit düsterem Schwarz laviert zu sein. Das Dunkel steigt empor, um die Farben zu unterstreichen, ihnen Glanz zu verleihen. Es hebt das Sichtbare, das Sagbare deutlicher hervor. Es beherrscht selbst das Entfernte, es verdichtet sich, es »durchstrahlt« alles – Gesicht, Körper oder Gegenstand –, was ihm gegenübertritt, und indem es sich über einem alltäglichen und unerreichbaren Geheimnis wieder schließt, weckt es »das Verlangen zu malen«.

Claude Mouchard

Skizze einer Frau von Constantin Guys (1805 – 1892), Tusche

Madame Bovary, die letzte romantische Heldin

Seit der *Prinzessin von Clèves* weiß man, daß eine der Techniken des Romanschreibens darin besteht, ein Spinnennetz zu weben, um den Helden darin zu fangen und festzuhalten und ihn von der Spinnerin auffressen zu lassen. Die Nachwelt kommt dann, um die mumifizierte Leiche zu bewundern, die der Autor voll frommen Eifers geschmückt hat.

Als Gustave Flaubert *Madame Bovary* schrieb, schwitzte er Blut und Wasser, und seine Briefe sind von Klagen und Flüchen über dieses Buch durchsetzt, das er nicht fühlt, das zu schreiben er keine Lust hat, aber das er schließlich mit dem Pflichtbewußtsein eines gewissenhaften Gesellen zusammenbaut, der sein Meisterstück schafft. Es ist eine Stilübung, die er sich da nach dem Rat von Bouilhet auferlegt, ein Ableger seines großen, eigentlich nie vollendeten Buchs *Die Verführung des heiligen Antonius*.

Wenn auch die Herkunft von Emmas Familiennamen heute geklärt ist (nach Maxime du Camp erfand ihn Flaubert während ihrer Orientreise, als sie von einem gewissen Bouvaret beherbergt wurden), haben wenige Werke in unserer Literatur so viele Fragen zu ihrem Ursprung aufgeworfen; Flauberts Widerwillen gegen die Arbeit, mit der er sich abmühte, die Plattheit der Handlung, der »wissenschaftliche« Stil, die Tatsache, daß der Roman an einem Ende des gesellschaftlichen Horizonts beim alten Sainte-Beuve, am andern beim jungen Baudelaire Anerkennung fand – all diese Gründe sprechen gegen einen dauerhaften Erfolg des Werkes. Aber die Stärke dieses Romans liegt darin, daß er allen vorgeschlagenen Lösungen Widerstand leistet und sich durchsetzt wie ein Hapaxlegomenon. Ernest Feydeau (ein Freund von Flaubert und der Vater des Satirikers) schrieb 1858 einen stark von *Madame Bovary* beeinflußten Roman, der bemerkenswert erfolgreich war. Dennoch verschwand *Fanny* ebenso schnell, wie er gekommen war. Die Exegeten zerbrechen sich darüber den Kopf und tanzen um diese Bücher herum, um das Geheimnis von Yonville und von dem suspekten Ruhm, der sich an diesen Namen heftet, zu durchdringen. So ist zu Emmas Entstehungsgeschichte bereits alles gesagt worden. Flaubert hatte es eilig, das Geheimnis dazu preiszugeben, und er rief aus: »Ich bin Emma, sie ist nach mir gemacht!« Alles steckte in diesem Satz, aber es schien zu einfach zu sein. Man stellte Nachforschungen an. Die Affäre Delamare-Couturier schien ein erstklassiges Beweisstück zu sein. Flaubert hatte ganz einfach die Geschichte dieses armseligen Provinzdramas umgesetzt. Aber der Ehebruch ist so alt wie die Welt, und eine Lokalnachricht, auch wenn sie eine anständige Synopse liefert, kann nicht das Genie eines Romans erklären. Übrigens hat man neben den 1780 Entwurfsblättern und den 490 Seiten des endgültigen Manuskriptes 42 vom Autor entworfene Szenarios gefunden. Herbert Lottmann hat in seiner kürzlich veröffentlichten Biographie mit der Entdeckung eines seltsamen handgeschriebenen Textes von Louise Pradier (oder ihrer Kammerfrau) – *Die Memoiren der Madame Ludovica*, die das Mißgeschick und den Ruin einer Kokotte erzählen und die Flaubert mit Notizen und Zeichen übersät hat – Aufsehen erregt! Das läßt einen doch wirklich stutzig werden! Dann beschwor man das Gespenst der Elisa Schlésinger, der Muse aus den Jugendtagen: man verwarf sie wieder, sicher, daß sie nur dazu »gedient« hatte, die Figur der Madame Arnoux in der *Education sentimentale* zu zeichnen. Dann studierte man den Fall der Louise Colet, dieses nymphomanen Blaustrumpfs, die selbst Reime schmiedete und Flaubert mit ihrer wenig geteilten Leidenschaft vergiftete. Wenn Emma Bovary auch nicht oder nur wenig bei diesem Schopf gepackt werden kann, verdankt man ihr doch, daß sie den Romanschreiber in der Korrespondenz zu den letzten Kürzungen antrieb und, wenn sie auch nicht wirklich über die Herkunft der Provinzheldin Aufschluß gibt, so bewirkte sie doch die Schilderung des Autors seiner Konfrontation mit einer störrischen Inspiration. Die Dichterin spielt hier die Rolle der moralischen und liebevollen Unterstützung, wie sie Flaubert liebte – aus der Distanz, um ihn bei der schweren Arbeit nicht zu stören. Aber ist es eigentlich schon oft genug

Louise Pradier, Daguerreotypie (um 1850)

gesagt worden, daß die zahlreichen Briefe, die Flaubert an seine zeitweilige Mätresse sandte, eine Art vertraulich zu behandelnder Methodologie sind? Vor unseren Augen erlebt der Roman eine Zangengeburt, unter Mithilfe von monströsen Lektüren und Ängsten abgestützt: Sein Erzeuger befürchtet in der Tat ganz klare Einflüsse: »Ich habe Angst, in die Art Paul de Kocks zu verfallen oder chateaubrianisierten Balzac zu machen.« (20. September 1851.)[1]) Und in diesem Satz gibt es viele Elemente, die dazu geeignet wären, den Forschenden zu leiten...

Emma ist natürlich weder Atala noch Amélie und noch weniger Madame de Mortsauf oder Eugénie Grandet; aber wenn man unbedingt in Balzacs Gynäkeion wühlen muß, das so bewundert (und dessen starker Einfluß so gefürchtet) wird, sollte man sich der *Muse des Departments* zuwenden. Dieser Vergleich ist jedoch mit Vorsicht zu genießen, denn Flaubert hatte entschieden das Bedürfnis nach einem dauerhafteren exemplarischen Tod als Balzac. Die »Szenen aus dem Leben in der Provinz« haben einen moralisierenderen Beigeschmack als das unbewegte Sezieren der »Sitten in der Provinz« (so lautet der Untertitel von *Madame Bovary*, eine Formulierung, die etwas von einer Devise hat).

Chateaubriand und der Vater der *Menschlichen Komödie* sind große Romantiker – das ist klar. Emma Bovary ebenfalls. Flaubert lehnt übrigens diese Schule durchaus nicht ab; er verabscheut jedoch ihren offiziellen Dichter, Alphonse de Lamartine, den großen Sänger der Gefühlsduselei und der Weihwassertränen, den Apostel der krankhaften Genüsse. Die *Briefe* des Normannen enthalten erbarmungslose Urteile über den Autor der *Confidences.*[2]) Im Juni 1844 wettert er gegen »weibische Sätze wie die von Lamartine«; im April 1852, in einem langen Brief, in dem er *Graziella* und die lächerliche Keuschheit seines Autors kritisiert (er selbst steckt mitten im Bovarysmus): »Aber die Wahrheit verlangt rauhere Männer als Herrn Lamartine.« Im selben Jahr, am 19. Dezember: »Ich schicke dir die Lamartines zurück. Was soll ich mit allem diesen Mist machen?« Und sechs Monate später, nach der Lektüre von *Jocelyn:* »Das ist eine abscheuliche Poesie,

[1]) Dt. Fassung der Briefe aus: Flaubert, *Briefe*. Herausgegeben und übersetzt von Helmut Scheffel, Diogenes, 1977.

[2]) In Deutschland 1849 unter demselben Titel erschienen.

Morgenspaziergang, Gavarni
(1804–1866)

La Chaumière, Marin
(19. Jahrhundert)

Das Rendezvous, Devéria
(1800–1857)

leblos, ohne inneren Lebenshauch. Diese Sätze haben weder Fleisch noch Blut.« Dann dieses Urteil, bei dem man ganz genau hinhören muß: »Und was für eine merkwürdige Auffassung von der menschlichen Existenz!« Die kleine Emma ist nämlich im Umgang mit Bernardin de Saint-Pierre, Chateaubriand, Walter Scott (die Episode der Lucia di Lammermoor weist darauf hin) und Lamartine erzogen worden. In Kapitel drei des dritten Teils liest man den Abschnitt: »Einmal erschien der Mond. Da ergingen sie sich natürlich in Schwärmereien über das schwermütige, poesiereiche Gestirn, und Emma begann sogar zu singen:

Eines Abends, weißt du noch,
Fuhren wir dahin...«

Was für eine Verspottung der französischen Romantik und ihrer lamartinischen Auswüchse! Welche Satire über die teilnahmsvolle Selbstgeißelung! Welch eine – hier verschleierte – Attacke gegen die mit viel Kraftaufwand betriebene Rückkehr der religiösen und moralischen Rückständigkeit! Und man fragt sich also, ob die langsame Agonie der Heldin nicht das letzte Aufbäumen einer archaisch gewordenen Lebensauffassung ist. Ihre Sterbeurkunde verhilft allen Homais Frankreichs zur Taufe. Man muß dabei betonen, daß Flaubert in den letzten Zeilen seines Romans, der bis dahin in der Vergangenheitsform geschrieben ist, Homais im Präsens sprechen läßt. In dem Apotheker, der die zentrale Figur des Buchs (sein wahrer Held) ist, ist bereits *Bouvard und Pécuchet* enthalten, und einige Abschnitte des Buches werden, kaum abgeändert, das Wörterbuch der Gemeinplätze bereichern, an dem Flaubert arbeitete, während er *Madame Bovary* schrieb.

Flaubert hat oft von dem ursprünglichen Plan zu diesem Buch erzählt, noch bevor er die Themen entdeckt und die Figuren kennengelernt hatte. Er wollte einen »flämischen Roman« schreiben, der das eintönige Leben eines jungen Mädchens in der Provinz schildern sollte, das bis ins fortgeschrittene Alter Jungfrau geblieben war; der Schriftsteller wollte – wie beim *Heiligen Antonius* – ihre Sehnsüchte und ihre »Tugend« offenlegen. Aber Flauberts Leidenschaften, sein Abscheu vor der bürgerlichen Dummheit (für die auch der Dichter und Politiker Lamartine stand) und seine Freude an der körperlichen Liebe haben ihn darüber hinausgeführt.

Er hat mittelmäßige Menschen dargestellt, die er übrigens mehr in seinen Briefen als in seinem abgeschlossenen Roman verachtet, und sie den letzten Akt der romantischen Komödie spielen lassen, die für ihn das Siegel des angeborenen Abscheus vor dem Leben und der frömmelnden Heuchelei trägt. Vor ihm schlug Théophile Gautier mit seiner erstaunlichen *Mademoiselle de Maupin* eine Bresche. Nach ihm wird Zola das wahre naturalistische Modell mit *Thérèse Raquin* durchsetzen. Zwischen diesen beiden Etappen der moralischen Evolution liegt *Madame Bovary.* Das ist auch die Zeit, wo Courbet das überaus schockierende Bild *Begräbnis in Ornans* malt. Aber vorerst ist Emma noch eine romantische Heldin, die sich von der Einsamkeit angezogen fühlt und vor der Welt Ekel empfindet: in einem »wie gewöhnlich stillen Dorf« führt sie ein »unnützes Leben«. Getreu den Lektionen des jungen Chateaubriand und Lamartines *will* sie den Tod. Und die Priesterkarikatur, die der Abbé Bournisien darstellt, kann nicht anders, als sie hilflos sich selbst zu überlassen. Diese moralische Einsamkeit, dieser Kampf um die Befreiung von den Regeln der Gesellschaft, die sie *zweifellos* wünscht, die zu erreichen sie aber nicht die Kraft besitzt, töten sie; damit wird sie unter die neuen Figuren der im Entstehen begriffenen Literatur eingereiht, sehr viel mehr als durch Epinals Bild von der kleinen, auf lächerliche Weise ehrgeizigen Bourgeoise.

So hat Gustave Flaubert zwischen 1851 und 1856 das sehr medizinische Protokoll vom Niedergang einer Epoche geführt, die in der Gegenrevolution geboren worden war und die soziale Wirren und der technische Fortschritt bis ins hinterste Ende der Provinz hinein erschüttern sollten. Sechs Jahre lang hat er methodisch das feine und unentwirrbare Netz von »wahren Begebenheiten« gewebt, in dem sich seine kraftlose Romanfigur verfangen sollte, belauert von ein paar Spinnen, unter denen nicht zuletzt der Autor selbst war.

François Boddaert

Gustave Flaubert

Brief Flauberts an Louise Colet, 7. März 1847

Flaubert, die Kunst, das Groteske und das Leben

Beim Schreiben von Madame Bovary

> *»Fürchtet nicht, ihm zu begegnen: von allen Wesen sind die am wenigsten unerträglich, die die Menschen hassen. Man muß einen Misanthropen niemals fliehen.«*
>
> CIORAN[1])

Es gibt Werke, die uns faszinieren und solche, die uns mitreißen; Bücher, die uns zwingen, erwachsener zu werden und solche, die uns in unsere Einsamkeit zurückstoßen. Und dann gibt es da noch das Werk der Begegnung, das Buch, das uns treu bleibt und dessen Stimme uns auf unserem sinnlosen Weg über die Straßen des Lebens begleitet. Diese Stimme ist für mich die von Flaubert. Genauer gesagt, die aus Flauberts Briefen.

Als eine reiche Mischung aus Stoizismus und Epikureertum, Misanthropie und Großzügigkeit, Skepsis, Wildheit und derber Komik enthüllen uns diese Briefe einen kraftvollen Gustave Flaubert als das genaue Gegenteil eines sogenannten »Eremiten von Croisset«.

In diesem Zusammenhang ist die Korrespondenz der Bovary-Jahre aufschlußreich. Die Briefe dieser Epoche – ich spreche von den an die »Muse« Louise Colet adressierten – stellten nicht nur ein außergewöhnliches Zeugnis über die tägliche Entstehung eines großen Werkes dar. Insgesamt bilden sie ein sehr persönliches *Was ist die Literatur?*, wo Flaubert neben seinen Gedanken zur Kunst, zum Roman und zur Kritik mit triumphierender Feder Vergeltungsangriffe auf die Dummheit und das Groteske des Lebens losläßt.

---

1) Cioran, Emile M., *Exercices d'admiration* (A propos de Guido Ceronetti), Paris 1986.

Madame Bovary stellt einen wichtigen Wendepunkt im literarischen Leben – und im Leben überhaupt – von Flaubert dar. Von der Romantik verseucht und von Grund auf lyrisch veranlagt, fühlt Flaubert, daß es ihm gelingen muß zu schreiben, »wie er weiß, daß man schreiben muß«[1]), er muß sich gegen sich selbst auflehnen, einen ganzen Teil seiner selbst ersticken, um einem anderen das Emporsteigen zu ermöglichen.

In seinen *Souvenirs littéraires* erzählt Maxime Du Camp, daß er, gemeinsam mit Louis Bouilhet, Flaubert das Thema für *Madame Bovary* vorgeschlagen habe, nachdem sie sich entsetzt die erste Version von der Versuchung des *Heiligen Antonius* angehört hätten. »Unter dem Vorwand, die Romantik bis zum Äußersten treiben zu wollen«, sollte Maxime Du Camp später schreiben, »wandte sich Flaubert, ohne es zu merken, rückwärts, kam er bis auf den Abbé Raynal (...) zurück und verfiel ins Diffuse. Man mußte ihn auf diesem Weg aufhalten, sonst hätte er seine meisterlichen Qualitäten verloren.«[2])

Sie rieten ihm also, auf diffuse Themen zu verzichten: »Von dem Moment an, wo du eine unbesiegbare Tendenz zum Lyrischen verspürst, mußt du ein Thema wählen, wo das Lyrische so lächerlich wirken würde, daß du gezwungen bist, dich selbst zu überwachen und darauf zu verzichten. Nimm ein bodenständiges Thema, eins jener Ereignisse, von denen es so viele im bürgerlichen Leben gibt, etwas wie die *Cousine Bette*, wie den *Cousin Pons* von Balzac, und zwinge dich dazu, sie in einem natürlichen, beinahe vertrauten Tonfall abzuhandeln und diese Abschweifungen, diese – in sich schönen – Phantastereien, die jedoch unnützes Beiwerk zur Entwicklung deines Konzepts und für den Leser ärgerlich sind, wegzulassen.«[3])

»Ich war vom Krebsgeschwür des Lyrischen befallen, Sie haben mich operiert; es war höchste Zeit, aber ich habe vor Schmerzen geschrien«,[4]) soll Flaubert später Maxime Du Camp gestanden haben.

In der Tat sagt Gustave Flaubert, als er sich ins »Abenteuer«

---

1) An Louise Colet, 2.7.1853. *Correspondance* de Gustave Flaubert, Ed. Gallimard, 1980.
2) Maxime du Camp, *Souvenirs littéraires.*
3) *Idem.*
4) *Idem.*

Louise Colet: Lithographie
von Grégoire und Deneux,
nach einer Vorlage von Maurin

Louise Colet
(Anonym, 19. Jahrhundert)

Louise Colet, Skizze von
Winterhalter (um 1840)

Bovary (wir werden sehen, daß das Wort nicht übertrieben ist) stürzt, »dem Persönlichen, Intimen, Relativen für immer adieu«;[1]) er gibt seine schriftstellerischen Anwandlungen auf, um ein reiner *Romanschreiber* zu werden und dadurch, nach seiner eigenen Definition, hinter seinem Werk zu verschwinden: in seiner Schöpfung präsent zu sein »wie Gott im Universum, überall spürbar und nirgends sichtbar«.[2])

Flaubert hat als Erbteil keine der Gnaden mitbekommen, die den Genies vorbehalten sind: jede Seite, jeder Satz kostet ihn Kraft, und in den 53 Wochen von *Madame Bovarys* Entstehungszeit können wir ihm Woche für Woche bei seiner gigantischen Präzisionsarbeit folgen. Ständig kämpft er mit »Stilschwierigkeiten«, die ihn »in Angst und Schrecken versetzen«. »Es ist keine Kleinigkeit, einfach zu sein. Ich habe Angst, in die Art Paul de Kocks zu verfallen oder chateaubrianisierten Balzac zu machen.«[3]) »Warum erscheint mir die Kunst des Schreibens, je mehr ich mich den Meistern zu nähern glaube, als solche immer unausführbarer, und warum bin ich immer angewiderter von dem, was ich hervorbringe? Oh, Goethes Wort: ›Ich wäre vielleicht ein großer Dichter geworden, wenn sich die Sprache nicht unbezwingbar gezeigt hätte!‹ Und das war Goethe!«[4])

Wenn Gustave Flaubert auch bis ans Ende seines Lebens nicht zum mühelosen Schreiben finden wird, so weiß er doch sehr schnell, »wie man schreiben muß«: »Wenn ich den Stil schreiben würde, den ich mir vorstelle, was für ein Schriftsteller wäre ich!«[5]) Allein diese Gewißheit – der Stil, »den ich im Bauch spüre«[6]) – erhält ihn aufrecht und macht es ihm möglich, jeden Morgen nach den am Vorabend empfundenen Qualen, der Erschöpfung und dem Gefühl der Ohnmacht zu neuem Leben zu erwachen.

Während der gesamten Bovary-Jahre schwankt er zwischen Jubel: »Wie dem auch sei, gut oder schlecht, Schreiben ist

1) An Louise Colet, 26.8.1853
2) An Louise Colet, 9.12.1852
3) An Louise Colet, 20.9.1851
4) An Louise Colet, 1.6.1853
5) An Louise Colet, 16.1.1852
6) An Louise Colet, 29.1.1853

etwas Köstliches!«[1]) und Verzweiflung: »Ich habe *fünf Tage gebraucht, um eine Seite zu schreiben*!«[2]) »Mit den Erektionen des Geistes ist es wie mit denen des Körpers, sie kommen nicht nach Wunsch.«[3]) »Es ist nicht jedermann gegeben, in sich eine Schachtel voll Spanischer Fliege zu haben, die einen dazu befähigt, nach Belieben einen Steifen zu bekommen.«[4])
Unpersönlich zu sein genügt nicht, er muß außerhalb seiner selbst schreiben, gegen seine Natur. Sein Herz darf nur dazu dienen, »das der anderen zu fühlen.«[5]) »Die Ursache, daß ich so langsam vorankomme, liegt darin, daß nichts in diesem Buch von mir genommen ist. Nie ist mir meine Persönlichkeit von geringerem Nutzen gewesen (...) Alles kommt aus dem *Kopf*. (...) Was für mich das Natürliche ist, das ist für die andern das Unnatürliche, das Außerordentliche, das Phantastische, das methaphysische, mythologische Gebrüll. *Saint Antoine* hat mich nicht ein Viertel der geistigen Anspannung gekostet, die mich die Bovary kostet. Es war nur ein Auffanggefäß; ich habe beim Schreiben nur Freude gehabt, und die achtzehn Monate, die ich damit verbrachte, die 500 Seiten zu schreiben, waren die wollüstigsten meines ganzen Lebens. Urteile selbst: ich muß jede Minute in die Haut von Leuten schlüpfen, die mir unsympathisch sind. Seit sechs Monaten nun liebe ich platonisch und in diesem Augenblick begeistere ich mich auf katholische Weise am Klang der Glocken und ich habe Lust, zur Beichte zu gehen.«[6]) »Mein Gott; wie die *Bovary* mich anödet! Manchmal gelange ich wirklich zu der Überzeugung, daß es mir *unmöglich ist, zu schreiben*.«[7])

Wie sehr sich diejenigen täuschen, die glauben, daß Flauberts Kunst sich auf eine Geduldsprobe reduziere, und die in seinem Stil nur gewissenhafte Fleißarbeit sehen.
Flaubert »tastet« nicht herum, er versucht nicht mehr, Sätze aneinanderzufügen. Vielmehr ist er auf der Suche nach der

1) An Louise Colet, 23.12.1853
2) An Louise Colet, 15.1.1853
3) An Louise Colet, 17.2.1853
4) An Louise Colet, 2.2.1853
5) An Louise Colet, 6.11.1853
6) An Louise Colet, 6.4.1853
7) An Louise Colet, 10.4.1853

»schönen, treffenden Formulierung«. »Wenn man sich auf eine Wendung oder einen Ausdruck versteift, der einem nicht einfallen will, *dann liegt es daran, daß man keine Idee davon hat.* Das genaue Bild oder das Gefühl, das man im Kopf hat, bringt auch das Wort aufs Papier. Das eine folgt aus dem andern.«[1])
Die Empfindung bringt die Idee hervor, und von der Empfindung läßt er sich leiten. Er versucht nicht, »gut zu schreiben«, er zwingt sich dazu, besser zu fühlen. »Um diese Dinge einigermaßen gut zu schreiben, muß man sie vor allem fühlen, und es fällt mir schwer, *mich fühlen zu lassen.*«[2]) Er weiß, daß es nur eine Form, nur einen Satz gibt, der das Gefühl von dem Empfundenen, seinen Geschmack und seine Bewegung wiedergeben kann, und daß es unnütz ist, diesen Satz hartnäckig verfertigen zu wollen. Man muß statt dessen seine Essenz im Grund seines Herzens wiederfinden wie ein Echo auf die erlebte Emotion. »Das Allernotwendigste ist (...) das Gefühl und nicht der Traum und auch nicht der Gedanke.«[3]) Aus der Empfindung selbst – oder ihrem Verständnis – quillt langsam die notwendige literarische Form hervor. Indem er sich so langsam durchs Gestrüpp und durch seine durchgestrichenen Stellen* voranarbeitet, gelingt es Flaubert, den richtigen Satz mit all seiner Leuchtkraft zu finden. Das »laute Sprechen« ist demnach nur seine Art, indem er dem Klang der Sprache lauscht, die Wiedergabe der Empfindung zu überprüfen.
Weil er seinen Stil vom Leben selbst ableitet, ist Flauberts Kunst vor allem eine Kunst des Sehens. »Ich empfinde wollüstige Gefühle, allein indem ich beobachte, aber wenn ich gut beobachte.« »Damit eine Sache interessant wird, genügt es, sie lange zu beobachten.« Lange zu beobachten, nicht als Wissenschaftler, sondern als Künstler, instinktiv. Zuerst die Vorstellungskraft. »Man konzipiert ein Thema, eine Farbe, und danach festigt man es durch Hilfe von außen.«[4])
Erstaunliche Fruchtbarkeit dieses Blicks, der gleichzeitig die

---

[1]) An Louise Colet, 30.9.1853
[2]) An Louise Colet, 17.2.1853
[3]) An Louise Colet, 27.3.1853
* Er spricht davon, daß er die Bovary »gräbt« (Brief an Louise Colet, 12.1.1853).
[4]) An Louise Colet, 6.6.1853

Maxime Du Camp (1851)

Methode des Skalpells und die des Schwamms anwendet. Indem er in die Substanz des Beobachteten selbst eindringt, verliert er sich in ihr und versteht sie schließlich von innen heraus, bis er sich mit ihr identifiziert. »Nicht mehr *man selbst* zu sein, sondern in der ganzen Schöpfung, von der man spricht, zu kreisen. Heute zum Beispiel bin ich als Mann und Frau zugleich, als Liebhaber und Geliebte an einem Herbstnachmittag unter den gelben Blättern durch den Wald geritten, und ich war

die Pferde, die Blätter, der Wind, die gesprochenen Worte und die rote Sonne, die sie ihre von Liebe getränkten Augenlider halb schließen ließ.«[1])
Gleichzeitig, in einer Gegenbewegung, nimmt sein Blick die Natur in sich auf, und es ist, als ob sein ganzer Körper sich öffnete, um sich vom Fluß des Lebens durchfluten zu lassen. »Der Saft der Bäume dringt einem durch die langen, stumpfsinnigen Blicke, die man auf sie richtet, ins Herz. So wie das Fleisch der Schafe, die auf den Wiesen Thymian gefressen haben, dann reicher an Geschmack ist, muß etwas vom Geschmack der Natur unseren Geist durchdringen, wenn er sich in ihr gewälzt hat.«[2]) Die äußere Wirklichkeit muß so in uns eindringen, daß wir fast aufschreien, wenn wir sie gut wiedergeben wollen.«[3])

Daß Flaubert sich in Croisset einschloß, um seinen Roman zu schreiben, haben viele als Entscheidung für die Kunst und gegen das Leben gewertet. Wetterte er selbst nicht ständig gegen dieses Leben, das »nur unter der Bedingung erträglich ist, daß man nie etwas damit zu tun hat«?[4]) Was beweist das? Hat er nicht auch geschrieben: »Ich habe Lust, Lappland, Indien, Australien zu sehen. Ah, die Erde ist schön! Und zu sterben, ohne davon auch nur die Hälfte gesehen zu haben! Ohne von Rentieren gezogen, von Elefanten getragen, in einer Sänfte geschaukelt worden zu sein!«[5])
Dieser Antagonismus zwischen dem Leben und der Kunst hat nicht viel Sinn im Fall des ewig ambivalenten Flaubert, für den leben voll und ganz *sein* bedeutet. Beobachten, Fühlen, Lesen oder Schreiben gehören für ihn zum selben *Elan vital.* Sogar die Langeweile lebt er voll und ganz aus. Eins von vielen Zeugnissen hierfür sind diese Zeilen, die er während seiner Rechtsstudien an Ernest Chevalier schrieb: »Das Recht versetzt mich in einen Zustand der moralischen Kastration, der schwer zu erfassen ist. Es ist erstaunlich, wie ich die Ersitzung der Dumm-

1) An Louise Colet, 23.12.1853
2) An Louise Colet, 26.8.1853
3) An Louise Colet, 7.7.1853
4) An Louise Colet, 5.3.1853
5) An Louise Colet, 14.8.1853

heit habe, wie ich den Nießbrauch der saublöden Langeweile genieße, wie ich das Gähnen gegen Entgelt besitze...«[1])
Flaubert »weitet sich aus« durch die Lektüre der »großen Meister«, die er angeht, als seien sie seine Zeitgenossen, und wenn er sich in ihre Werke vertieft, dann nicht als distanzierter Intellektueller, sondern als Genießer. Er dringt in ein Buch ein, wie man ein Bordell betritt, um trunken, befriedigt, glücklich wieder herauszukommen. »Man kann die Güte eines Buches an der Stärke der Faustschläge ermessen, die es einem versetzt hat und wie lange es dauert, bis man sich dann wieder davon erholt hat.«[2]) »*Man darf niemals befürchten, übertrieben zu sein.* Alle Großen sind es gewesen, Michelangelo, Rabelais, Shakespeare, Molière. (...) Es ist einfach nur das Genie in seinem wahren Zentrum, das so enorm ist.«[3]) »In Rubens' Bacchanalen wird auf den Boden gepißt.«[4]) »Bei Aristophanes wird auf der Bühne geschissen. Im *Ajax* von Sophokles fließt das Blut der geschlachteten Tiere um den heulenden Ajax.«[5])
»Ich liebe (...) saftiges Fleisch, (...) tiefe Gewässer, Stilarten, die einem satt im Mund liegen, Gedanken, in denen man sich verirrt.«[6]) Das Leben! Das Leben! Einen Steifen haben, das ist das Wichtigste! Deshalb liebe ich so sehr die Lyrik...«[7])
Was das Schreiben betrifft, so ist das weit mehr als eine Lust oder sogar ein Bedürfnis. »Aber was habe ich nicht alles Lust zu schreiben? Welche Wollust der Feder erregt mich nicht!«[8]) »Wenn ich weit weg von meinem Tisch bin, bin ich stumpfsinnig. Die Tine ist mein natürliches Element. Was für eine schöne Flüssigkeit, diese dunkle Flüssigkeit! Und gefährlich! Wie man darin ertrinkt! Wie sie einen anzieht!«[9]) »Ah! die Literatur! Was für ein ständiger Juckreiz! Das ist, als hätte ich ein Zugpflaster am Herzen. Es tut mir ständig weh, und ich kratze mich voll Wonne.«[10])

[1]) An Ernest Chevalier, 1.8.1842
[2]) An Louise Colet, 15.7.1853
[3]) An Louise Colet, 14.6.1853
[4]) An Louise Colet, 15.7.1853
[5]) An Louise Colet, 27.3.1853
[6]) An Louise Colet, 17.2.1853
[7]) An Louise Colet, 15.7.1853
[8]) An Louise Colet, 10.6.1853
[9]) An Louise Colet, 14.8.1853
[10]) An Louise Colet, 30.9.1853

Zweifellos bedeutet *Madame Bovary* eine Askese, aber nach dem Vorbild der großen Mystiker genießt Flaubert diese Askese. Er hat etwas von Theresa von Avila an sich. »Laß uns uns lieben *in der Kunst,* wie sich die Mystiker *in Gott* lieben, und alles soll vor dieser Liebe erblassen! Alle anderen Kerzen des Lebens (...) sollen vor dieser großen Sonne verschwinden!«[1]) Hin- und hergerissen ist er, zügellos, dabei hält er sich beinahe gleichzeitig zurück. »Ah! Wann werde ich nur in aller Freiheit über ein *poetisches Thema* schreiben können? Denn der mir natürliche Stil ist der dithyrambische und aufgeblasene Stil: *Ich bin einer der Rufer in der Wüste des Lebens.*«[2]) »Ich empfinde ein Jucken nach einem Epos. Ich möchte große, steil abfallende Geschichten, die von oben bis unten gemalt sind.«[3]) Aber »man muß sein Herz zügeln, es an der Leine führen wie eine rasende Bulldogge und es dann im richtigen Augenblick mit einem Satz auf den Stil loslassen. Lauf, Alter, lauf, gib Laut und faß.«[4]) »Je mehr Schwierigkeiten ich beim Schreiben empfinde, desto größer wird meine Kühnheit (...). Ich habe Arbeitspläne bis ans Ende meines Lebens, und wenn ich manchmal bittere Augenblicke erlebe, die mich vor Wut schreien lassen, weil ich meine Ohnmacht und meine Schwäche spüre, so gibt es doch auch andere, in denen ich meine Freude kaum zurückhalten kann. Etwas Tiefes und außerordentlich Wollüstiges fließt in mir in heftigen Strahlen, wie eine Ejakulation der Seele. Ich fühle mich fortgetragen und ganz trunken von meinem Denken, als erreichte mich durch eine innere Luke ein Schwall heißer Düfte.«[5]) Aber er faßt sich schnell wieder. »Man muß *kühler* schreiben.«[6]) »Um die Feder mit fester Hand zu halten, muß man es machen, wie die Amazonen, man muß sich die Seite des Herzens ganz ausbrennen.«[7]) »Alles muß ganz kühl geschehen. Gesetzt.«[8])

»*Gesetzt.*« Verlieren wir nicht aus dem Blick, daß Flaubert,

1) An Louise Colet, 14.8.1853
2) An Louise Colet, 2.6.1853
3) An Louise Colet, 26.8.1853
4) An Louise Colet, 14.6.1853
5) An Louise Colet, 27.3.1853
6) An Louise Colet, 27.2.1853
7) An Louise Colet, 1.6.1853
8) An Louise Colet, 27.2.1853

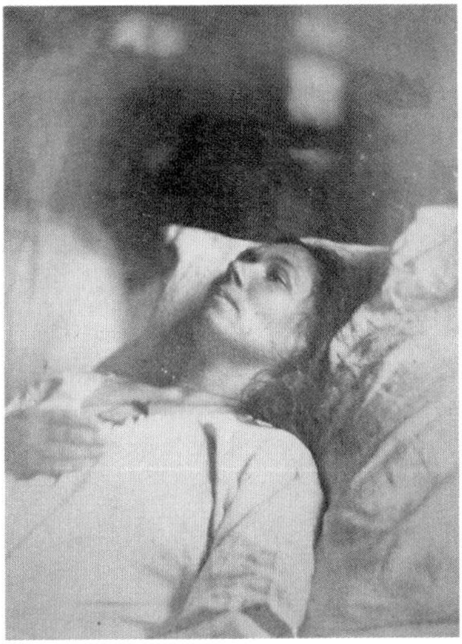

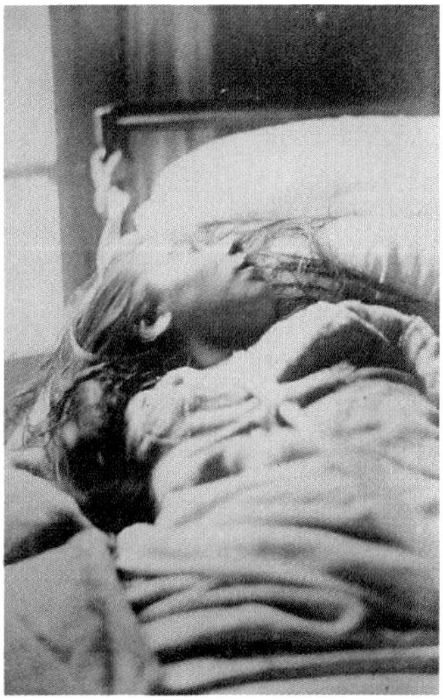

Photographien von Régnard und Bourneville aus dem Album iconographique Charcot *(Bibliothèque Charcot, La Salpetrière)*

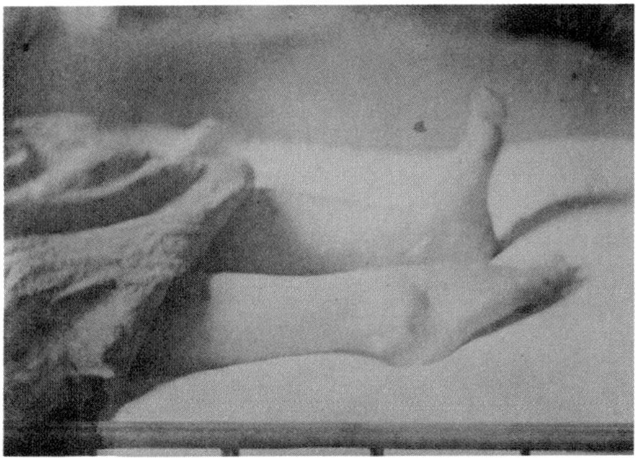

wenn er davon spricht, das »Hitzige« abzulehnen, und die Ruhe preist, sehr konkret denkt. Er weiß, wovon er spricht. Seine »epilepsieartigen« Anfälle, wie man sagte, haben ihn sehr jung die Heftigkeit des eigenen Körpers kennenlernen lassen. Seine Krisen bleiben zwar relativ selten, aber er sollte lebhafte Empfindungen davon zurückbehalten, als ob sie ihm einen Vorgeschmack auf den Tod gegeben hätten. In diesen Augenblicken »schwindet das Bewußtsein mit dem Gefühl des Lebens. Ich bin überzeugt, ich weiß, was Sterben ist. Ich habe oft deutlich gespürt, wie meine Seele mir entwich, so wie man bei einem Aderlaß das Blut durch die Öffnung ausströmen fühlt.«[1])
Erzählen vom Tod. Auch Erzählen vom Wahnsinn. Flaubert, der mit 17 Jahren *Die Erinnerungen eines Verrückten* schrieb, deren Erzähler dem Autor seltsam ähnlich war, sollte immer vom Gedanken an den Wahnsinn gequält werden. Die Verrückten faszinieren ihn und zugleich scheint er sie anzuziehen. »Was habe ich nur an mir, um auf den ersten Blick von allem, was schwachsinnig, verrückt, idiotisch, wild ist, geliebt zu werden? Verstehen diese armen Geschöpfe, daß ich zu ihrer Welt gehöre? (...) Fühlen sie zwischen sich und mir irgendeine Verbindung? Aber es ist *unweigerlich so*! Die Schwachsinnigen aus dem Valais, die Irren von Kairo, die Fakire in Oberägypten haben mich mit ihren Beteuerungen verfolgt! Warum?«[2]) Er spricht humorvoll darüber, gesteht, daß es ihn entzückt, aber er kann nicht umhin, darüber erschreckt zu sein. Wenn es wirklich eine Verbindung zwischen ihnen und ihm gab? Wenn sie ihn wirklich, trotz seiner bürgerlichen Maske, erkannten? »Was ist nur an mir? Ich fühle zwar wilde Stürme in meinem Innern, aber ich unterdrücke sie. Sickert etwas durch von all dem, was man nicht sagt? Bin ich selbst ein Irrer? Ich glaube, ja.«[3])
Die Vertrautheit mit Irren gibt es schon früh. In einem Brief an Louise Colet erinnert er sich an das erste Mal, als er Geisteskranke gesehen hat. Das war im Allgemeinen Pflegeheim in Rouen. »In den Zellen saßen ein Dutzend Frauen, in der Mitte des Körpers angebunden, nackt bis zu den Hüften, die Haare aufgelöst,

[1]) An Louise Colet, 27.12.1852
[2]) An Louise Colet, 26.12.1853
[3]) An Louise Colet, 1.6.1853

schrieen und heulten und zerkratzten sich mit ihren Fingernägeln die Gesichter. Ich war damals sechs oder sieben Jahre alt. Es ist gut, wenn man früh solche Eindrücke hat, sie machen einen männlich.«[1]) So macht ihn die Empfindung männlich, und er forscht weiter über Wahnsinn und Ausschweifung, wobei er seine Betrachtung bis zum Ende durchzieht. »Aber es hat mich auch wirklich etwas gekostet. Mein Nervenleiden war der Schaum dieser kleinen intellektuellen Possen. Jeder Anfall war wie eine Art Bluterguß des Nervensystems. Er war ein Samenverlust der Bildvorstellungsfähigkeit des Gehirns, denn hunderttausend Bilder schossen wie ein Feuerwerk gleichzeitig auf. Es war ein entsetzliches Losreißen der Seele vom Körper (ich bin überzeugt, mehrere Male gestorben zu sein).«[2])
Sein ganzes Leben hindurch unterhält Flaubert eine merkwürdige – lebhafte und zugleich »literarische« – Beziehung zur emotionalen und nervlichen Erhitzung, die er gleichzeitig herbeiruft, erleidet und abwehrt. Indem er sich »fühlen lassen« will, findet er sich schließlich völlig in sein Phantasieleben eingetaucht. »Als ich vorhin, um sechs Uhr, das Wort *Nervenanfall* schrieb, war ich so mitgerissen, brüllte ich so laut und spürte ich so tief, was meine kleine Frau empfand, daß ich fürchtete, selber einen zu bekommen. Ich bin von meinem Tisch aufgestanden und habe das Fenster aufgemacht, um mich zu beruhigen. In meinem Kopf drehte sich alles. Jetzt habe ich starke Schmerzen in den Knien, im Rücken und im Kopf. Ich bin wie ein Mann, der zuviel gebumst hat (entschuldige den Ausdruck), das heißt, in einer Art trunkener Schwäche.«[3]) Aber er weiß, daß diese Art von Erhitzung ihm beim Schreiben keineswegs eine Hilfe ist, zumindest nicht bei dem, was er unter Schreiben versteht. Erst wenn er die nervöse Erregung besiegt und zur Ruhe kommt, kann er erneut mit dem Schreiben beginnen. »Mißtrauen wir der Erhitzung, die man Inspiration nennt und die oft mehr nervöse Erregung als Muskelkraft enthält. In diesem Augenblick zum Beispiel fühle ich mich sehr in Fahrt, meine Stirne brennt, die Sätze fliegen mir zu (...) Statt eines Gedanken habe ich

[1]) An Louise Colet, 7.7.1853
[2]) *Idem.*
[3]) An Louise Colet, 23.12.1853

deren sechs, und wo es der einfachsten Darlegung bedürfte, fällt mir ein Vergleich ein. (...) Aber ich kenne diese Maskenbälle der Einbildungskraft, von denen man erschöpft, gelangweilt und mit dem Tod im Herzen wiederkommt, da man nur Falsches gesehen und nur Dummheiten von sich gegeben hat.«[1])
Flaubert hat sich nicht für die Kunst gegen das Leben entschieden. Seine Wahl ist viel grundsätzlicher, nämlich die des Echten gegen die Kopie. In allem. Das Natürliche gegen die Pose, das Persönliche gegen das Konventionelle, der Künstler gegen den Macher. Auf nichts hereinfallen.
Wenn er auf das »Persönliche« verzichtet, dann, weil er vermeiden will, sich zu täuschen und sich dazu hinreißen zu lassen, jene kleinen täglichen Lügen den anderen wie auch sich selbst gegenüber zu begehen, jene winzigen Täuschungen, die in der intimen Literatur konsubstantiell sind. Dieselbe Haltung im Leben: »Ich möchte lieber unter als über der Wirklichkeit meines Herzens stehen«, schreibt er an Louise Colet[2]), die mehr Zeugnisse seiner Liebe von ihm verlangt. »Diese Scham hat mich immer daran gehindert, einer Frau den Hof zu machen. Wenn ich die po-e-tischen Sätze sagte, die mir dann über die Lippen kamen, hatte ich immer Angst, daß sie sagen könnte: ›Was für ein Scharlatan!‹, und die Befürchtung, wirklich einer zu sein, ließ mich damit aufhören.«[3])
Er verachet »all diejenigen, die einem von vergangenen Lieben erzählen, vom Grab ihrer Mutter, ihres Vaters, von ihren gebenedeiten Erinnerungen, die Medaillons küssen, den Mond anheulen, vor Zärtlichkeit aus dem Häuschen geraten, wenn sie Kinder sehen, vor dem Ozean in Bewunderung erstarren. Alberne Narren! Alberne Narren und Possenreißer, die auf ihrem eigenen Herzen Trampolinsprünge vollführen, um etwas zu erreichen!«[4])
»Lieber möchte ich bei lebendigem Leib gehäutet werden, als daß ich *das* für meinen Stil *ausbeuten* würde!«[5])

[1]) An Louise Colet, 27.2.1853
[2]) An Louise Colet, 7.8.1846
[3]) An Louise Colet, 6.7.1852
[4]) *Idem.*
[5]) An Louise Colet, 22.4.1854

Baalbek: Ruine des Jupiter-Tempels. Photo von Maxime Du Camp, 15. September 1850

Zwei Dinge gefallen ihm an der Liebe, »zuerst die Sache an sich, das Fleischliche, und dann die heftige, tiefe, seltene Leidenschaft...«[1]) Die Galanterie dagegen, »diese ständige Verwechslung der Unterhose mit dem Herzen,«[2]) verabscheut er, und er ereifert sich gegen das Keuschheitsideal, »die Liebe mit allen Arten von H«[3]), »die bläulichen Langweiligkeiten der brustkranken Lyrik«[4]) von Lamartine, den er als »*schmutzig*« bezeichnet, »wenn er ätherisch lieben will.«[5]) »Diese vom Arzt verordnete Keuschheit! All das ekelt mich mit all meinen

[1]) An Louise Colet, 29.11.1853
[2]) *Idem.*
[3]) An Louise Colet, 29.5.1852
[4]) An Louise Colet, 6.4.1853
[5]) An Louise Colet, 20.4.1853

Instinkten an.«[1]) »Noch nie hat eine Frau einen Eunuchen geliebt.«[2])
Er empört sich gegen die »Zärtlichkeitsmanie der Frauen in der Literatur«. »Nur das Herz ist dichterisch«, versichert Musset. »Diese Art Dinge schmeichelt den Damen«, sagt Flaubert ironisch. »Bequeme Maximen, die bewirken, daß so viele Menschen sich für Dichter halten, ohne einen Vers schreiben zu können.«[3]) »Die Nerven, der Magnetismus, das ist die Poesie«, sagt Musset weiter. »Nein, sie hat eine heitere Basis. Wenn es genügte, sensible Nerven zu haben, um Dichter zu sein, wäre ich besser als Shakespeare und als Homer...«[4]) »Man schreibt mit dem Kopf. Wenn das Herz ihn erhitzt, um so besser, aber dann soll man es nicht sagen. Es muß ein unsichtbarer Ofen sein.« »Die Poesie darf nicht der Schaum des Herzens sein.«[5]) »Ich möchte in der Kunst keine Ausgußvorrichtung für Leidenschaften sehen, so eine Art Nachttopf.«[5])
Die von guten Gefühlen triefende Literatur bringt ihn in Wut. »Es gibt mehr reinen ›Bourgeoisismus‹ bei den Literaten als bei den Krämern (...) Béranger hat seine leichten Liebschaften besungen und Lamartine die Gefühlsmigränen seiner Frau, und selbst Hugo (...) hat (...) Tiraden über die Menschheit, den Fortschritt, das Voranschreiten der Idee und andere Albernheiten losgelassen, an die er selbst kaum glaubt.«[6]) »Ach, das Laster ist nicht befruchtender als die Tugend«[7]), und »der Alkohol konserviert das Gehirn nicht wie er es bei Föten tut.«[8]) »Wohin ich mich auch wende, ich sehe nichts als Elend. Worte, Worte, und was für Worte!«[9])
Die Welt der Literatur ekelt ihn an. Maxime Du Camp, der ihn überreden will, nach Paris zu kommen (wenn er ankommen will, wird das dort geschehen), gibt er zur Antwort: »*Ankommen*? Wo? (...) Ich strebe nach Besserem, nämlich mir selbst zu

1) *Idem.*
2) An Louise Colet, 19.9.1852
3) An Louise Colet, 29.5.1852
4) An Louise Colet, 6.7.1852
5) An Louise Colet, 22.4.1854
6) An Louise Colet, 15./16.5.1852
7) An Louise Colet, 26.6.1852
8) An Louise Colet, 27.6.1852
9) An Louise Colet, 13.6.1852

Odaliske. Daguerreotypie. Anonym, 1855

gefallen.«[1]) »Alles löst sich jetzt auf *Erschlaffen*, im feuchten Element, in Tränen, im Geschwätz, in Milch. Die zeitgenössische Literatur wird in Weibergesetzen ertränkt.«[2]) »Wenn der Kaiser morgen das Drucken verbieten würde, würde ich auf Knien eine Reise nach Paris machen, und ich würde ihm den Hintern küssen vor Dankbarkeit, so satt habe ich die Typographie und den Gebrauch, den man von ihr macht.«[3])

Also?
Also, wie Epiktet sagt, »Verstecke dein Leben« und »Enthalte dich«. Sich verstecken, ja, aber *beobachten.* Sehen, alles sehen und bis auf den Grund sehen. Die Schönheit wiederentdecken, die – vor den Literaten geschützt – im Verborgenen liegt. »Früher glaubte man, daß allein das Zuckerrohr Zucker gäbe. Heute gewinnt man ihn aus fast allem. Genauso ist es mit der Dichtung. Extrahieren wir sie aus irgendwas, denn sie liegt in allem und überall: kein Atom der Materie, das nicht das Denken enthält ...«[4])

---

[1]) An Maxime Du Camp, 26.6.1852
[2]) An Louise Colet, 15.1.1854
[3]) An Louise Colet, 2.7.1853
[4]) An Louise Colet, 27.3.1853

Hinter der Bewegungslosigkeit der Dinge entdeckt Flaubert mit dem Auge des Entomologen eine Vielzahl von unerwarteten Bewegungen. Alles ist so, als ob sein Blick das Leben zutage treten, die Schönheit auferstehen und die Poesie aufblühen ließe. Eine überraschende Schönheit, eine merkwürdige Poesie, die das Reine mit dem Schmutzigen, das Faulige mit der Gnade vermischt.

»Was ich am Orient liebe, ist diese Größe, die nichts von sich weiß, und diese Harmonie ungleicher Dinge. Ich erinnere mich an einen badenden Mann, der an einem Arm ein silbernes Armband trug und am anderen ein Blasenpflaster. Das ist der wahre Orient und infolgedessen der poetische: Kerle in tressenverzierten Lumpen und ganz mit Ungeziefer bedeckt. Laßt doch das Ungeziefer, es ergibt in der Sonne goldenen Arabasken. Du sagst, daß Kuschiuk-Hânems* Wanzen sie in Deinen Augen herabsetzten; mich entzückte gerade das. Ihr ekelerregender Geruch vermischte sich mit dem Duft ihrer von Sandelöl überrieselten Haut. Ich will in allem eine Bitterkeit, einen immer wiederkehrenden scharfen Pfiff mitten in unseren Triumphen, und selbst in der Begeisterung soll die Verzweiflung stecken. Das erinnert mich an Jaffa, wo ich bei der Ankunft gleichzeitig den Geruch der Zitronenbäume und den der Kadaver einsog: der verfallene Friedhof ließ die halb verwesten Skelette sehen, während über unseren Köpfen die grünen Sträucher ihre goldenen Früchte wiegten. Spürst Du nicht, wie vollständig diese Poesie ist und daß sie die große Synthese ist?«[1]) »Mit welchen Gedanken habe ich oft im Bett einer Hure gelegen und die schadhaften Stellen ihres Lagers betrachtet! Was habe ich mir in der Leichenhalle, in die zu gehen ich früher ganz verrückt war, für wilde Dramen ausgedacht, usw.! Ich glaube im übrigen, daß ich auf diesem Gebiet eine besondere Fähigkeit der Wahrnehmung habe; im Ungesunden kenne ich mich aus.«[2])

»Es ist vielleicht ein perverser Geschmack, aber ich liebe die Prostitution um ihrer selbst willen, unabhängig davon, was darunter steckt. (...) In dem Gedanken der Prostitution liegt ein

* Eine Tänzerin, die Flaubert im Orient kennengelernt hatte.

1) An Louise Colet, 27.3.1853

2) An Louise Colet, 7.7.1853

so komplexes Zusammentreffen von Wollust, Bitterkeit, Nichtigkeit der menschlichen Beziehungen, Raserei der Muskeln und Klingeln des Goldes, daß man von Schwindel gepackt wird, wenn man auf den Grund sieht; man lernt daraus eine Menge Dinge! Und man ist so traurig! Und man träumt so gut von der Liebe! Oh Verfertiger von Elegien, nicht auf Ruinen müßt ihr eure Ellenbogen stützen, sondern auf die Brüste dieser munteren Frauen. Ja, dem fehlt etwas, der nie in einem namenlosen Bett aufgewacht ist, der auf seinem Kopfkissen nie ein Gesicht erblickt hat, das er nicht wiedersehen wird und der, wenn er bei Sonnenaufgang das Haus verließ, die Brücken nicht mit dem Verlangen überquert hat, sich ins Wasser zu stürzen, weil ihm das Leben in solchen Rülpsern vom Herzengrund bis in den Kopf stieg.«[1])
Und übrigens, wenn man schreiben will, »muß man dann nicht alle Kammern des Herzens und des Körpers der Gesellschaft, vom Keller bis zum Dachboden, kennen, die Aborte nicht zu vergessen, besonders die Aborte nicht zu vergessen! Dort vollzieht sich eine wunderbare Chemie, dort gehen befruchtende Zersetzungen vor sich. Wer weiß, welchen Exkrementensäften wir den Duft der Rosen und den Wohlgeschmack der Melonen verdanken? Hat man schon gezählt, was alles an Niedrigkeiten betrachtet worden sein muß, damit Seelengröße zustandekommt? Was man alles an ekelhaften Miasmen geschluckt, an Kummer erfahren und an Martern ausgehalten haben muß, um eine gute Seite zu schreiben? Wir sind Jauchepumper und Gärtner. Wir holen aus den Verwesungsvorgängen der Menschheit Ergötzliches für sie. Wir lassen Körbe voll Blumen auf dem ausgebreiteten Elend wachsen. Das Faktum destilliert sich in der Form und steigt wie reiner Weihrauch des Geistes nach oben zum Ewigen empor, zum Unveränderlichen, zum Absoluten, zum Idealen.«[2])

Weit davon entfernt, das Leben zu fliehen, hat Flaubert sich mitten hinein gestürzt. Fasziniert sieht er alles, nimmt er alles in sich auf. Die Frage, ob man das Leben lieben oder hassen muß, stellt

1) An Louise Colet, 1.6.1853
2) An Louise Colet, 23.12.1853

sich nicht mehr. Er hat sich gefunden, indem er es gefunden hat, und er bleibt darin, jenseits allen Ekels. Er hat sich an die Natur »angeschlossen«, um die Wellen des Lebens selbst aufzufangen, und seine Fähigkeit zum Fühlen läßt ihn das Geräusch der Zeit, das Murmeln der Dinge hören. Alle Gelüste seiner Vorstellungskraft, all der Durst seines Denkens finden Befriedigung.

Er weist nichts mehr zurück.

André Versaille

III

Madame Bovary – der Roman von Gustave Flaubert

nacherzählt von Birgit Dorner-Schüttler

Am Anfang und Ende des Romans steht die Beschreibung des Charles Bovary. Er wird als ein fleißiger, gutmütiger, doch einfältiger Junge und Mann dargestellt, der dem Ehrgeiz seiner Mutter zuliebe den Beruf des Arztes erlernt und ausübt. Auf Anraten der Mutter heiratet Charles die häßliche, aber wohlsituierte Witwe eines Gerichtsvollziehers, die ihm das Leben schwer macht. Als er eines Nachts zu dem wohlhabenden Landwirt Rouault gerufen wird, lernt er dessen Tochter Emma kennen und verliebt sich in sie. Kurze Zeit später stirbt Bovarys Frau, und Charles ist frei für seine Liebe zu Emma Rouault. Auch sie, ein hübsches, junges Mädchen, verspricht sich viel von dieser Verbindung und heiratet ihn. Nach kurzer Zeit ehelichen Glücks in dem kleinen Ort Tostes ist Emma in ihren Erwartungen an die Ehe enttäuscht und ernüchtert. Sie flüchtet sich in Romane und Träumereien, welche die leidenschaftliche Liebe verherrlichen, und schließlich fragt sie sich: »Mein Gott, warum habe ich eigentlich geheiratet?«

Eines Tages bekommt das Ehepaar Bovary eine Einladung des Marquis von Andervilliers, den Charles erfolgreich von einem Geschwür befreit hatte. Emma erlebt ein Fest mit köstlichen Speisen und Getränken, und eine rauschende Ballnacht mit exzellenten Tänzern. Dieser Abend ruft alle ihre Sehnsüchte nach Luxus, Leidenschaft und aufregenden Liebschaften wach, und sie kehrt unglücklicher denn je in ihr bürgerliches Heim zurück. Da Emmas Unzufriedenheit immer größer wird, beschließt Charles Bovary, mit ihr in den Ort Abtei Yonville nahe bei Rouen umzuziehen. Er hofft, sie hätte dort mehr Zerstreuung und Anregung, und würde bald wieder »sein liebes Frauchen« sein. Die Bovarys werden in Yonville freundlich aufgenommen und schließen schnell Freundschaft mit dem Apotheker Homais und dessen Familie, der Gastwirtin Frau Franz, dem Pfarrer Abbé Bournisien, dem Steuereinnehmer Binet und mit Léon Dupuis, einem sanften, verträumten jungen Notarsgehilfen. Zu dieser Zeit wird ihre Tochter Berta geboren. Emma erholt sich nur langsam von der Geburt, und die kleine Berta wird zu einer Amme gegeben.

Eine besondere, freundschaftliche Beziehung verbindet Madame Bovary mit Léon Dupuis. Léon ist für Emma der einzige Mensch, mit dem sie über ihre literarischen Interessen sprechen kann, und so verbringen sie viele Stunden miteinander. In langen Gesprächen über ihre Träume und Sehnsüchte kommen sie einander näher, wagen jedoch nicht, sich ihre Liebe zu gestehen. Teils aus unerfüllten Liebessehnsüchten, teils aus beruflichen Gründen geht Léon nach Rouen. Für Emma wird das Leben erneut trostlos. Wiederum fragt sich Charles verzweifelt, wie er seiner Frau wohl helfen könne. Da taucht der Junggeselle und Frauenheld Rodolphe Boulanger bei den Bovarys auf. Er ist von Emmas Liebreiz und ihrer Unnahbarkeit fasziniert und beschließt, sie zu erobern. Er wird ihr Liebhaber. Es folgen Jahre voll Leidenschaft, Heimlichkeiten und Qualen. Emma wird von Rodolphe abhängig und erträumt sich ein Leben an seiner Seite. Beide beschließen die Flucht. Doch kurz vor ihrer Abreise erhält Emma einen Brief, in dem Rodolphe sich von ihr trennt. Der Reiz der Eroberung und des Abenteuers hatte ihn an sie gefesselt. Ihre Anhänglichkeit und ihre Erwartungen an ihn stoßen ihn nun ab. Emma wird daraufhin schwer krank. Ihr Mann, der von ihrer Liebschaft nichts weiß, pflegt sie aufopfernd. Die Schulden, die Emma bei Lheureux, dem Modewarenhändler gemacht hat, um sich für die Flucht auszustatten, nimmt er stillschweigend auf sich. Langsam erholt sich Madame Bovary wieder.

Anstelle ihrer Leidenschaft zu Rodolphe entwickelt sie nun einen religiösen Eifer. Sie holt ihre Tochter, die während ihrer Krankheit wieder bei der Amme untergebracht war, nach Hause, kocht die Lieblingsspeisen ihres Mannes und verhält sich sanft und liebevoll. Aber diese scheinbare Wandlung ist nur von kurzer Dauer. Emma liebt ihren Mann längst nicht mehr. Sie beginnt, Charles zu verachten, nachdem ihm eine Operation, zu welcher Homais ihn verleitet hat, mißlingt. Das Leben an seiner Seite empfindet sie als schäbig und erbärmlich.

Charles bemerkt, einfältig wie er ist, von alledem nichts und ist weiterhin bemüht, sie zu unterhalten und zufriedenzustellen. Aus diesem Grund unternimmt er mit ihr einen Besuch der Oper in Rouen. Sie treffen dort zufällig Léon Dupuis. Er ist inzwischen zu einem erwachsenen Mann gereift. Wie damals in Yonville führen Emma und Léon intensive Gespräche, und Léon, jetzt mutiger, gesteht ihr seine Liebe. Emma wird seine Geliebte und lebt sichtlich wieder auf. Charles Bovary ist entzückt von den Veränderungen seiner Frau und bezahlt ahnungslos Klavierstunden, die als Alibi für das regelmäßige Treffen des Liebespaares in Rouen dienen. Nach einer Zeit des Glücks beginnt jedoch selbst der sanfte Léon sich gegen ihre ständige Kontrolle und wachsende Abhängigkeit zur Wehr zu setzen. Seine Gefühle zu ihr sind im Begriff zu erkalten.

Madame Bovary gibt in dieser Zeit viel Geld aus und macht weiterhin Schulden beim Modewarenhändler Lheureux. Bald verliert sie den Überblick über ihr Leben. Als Lheureux sich mit der Rückzahlung der Schulden nicht mehr vertrösten läßt, der Gerichtsvollzieher in das Haus Bovary kommt und die Versteigerung des Inventars ansteht, wird sich Emma ihrer Situation bewußt. Sie bittet zuerst Léon und dann Rodolphe verzweifelt um Hilfe. Doch vergeblich – beide können ihr nicht helfen. Da sieht sie keinen anderen Ausweg mehr, als sich durch den Freitod den Offenbarungen vor ihrem ahnungslosen Mann zu entziehen. Sie vergiftet sich mit Arsen und stirbt qualvoll.

Charles Bovary leidet sehr stark unter dem Tod seiner geliebten Frau. Kurze Zeit nach ihrem Tod findet er durch Zufall alle ihre Liebesbriefe. Er trifft sich mit Rodolphe, verzeiht ihm und entschuldigt seine Frau mit den Worten: »Das Schicksal ist schuld.« Am nächsten Tag findet Berta ihren Vater tot in der Gartenlaube. Er ist an gebrochenem Herzen gestorben. Berta Bovary wird zu einer armen Tante geschickt, wo sie sich das tägliche Brot in einer Baumwollspinnerei verdienen muß.

Charles Bovary ist für lange Zeit der letzte Arzt in Yonville gewesen. Nach seinem Tod übernimmt der ehrgeizige Apotheker Homais mit seiner Kurpfuscherei seinen Platz.

Der Roman »Madame Bovary« von Gustave Flaubert ist im Jahr 1857 erschienen. Er löste einen literarischen Skandal aus, so daß der Autor vor Gericht erscheinen mußte. Flaubert arbeitete fünf Jahre an diesem Werk. Es ist in Ausdruck und Wortwahl so fein gewählt, daß Sainte-Beuve über die Romantechnik Flauberts schreibt:
»Monsieur Gustave Flaubert, der Sohn und Bruder ausgezeichneter Ärzte, führt die Feder wie andere das Skalpell.«

ISABELLE HUPPERT
Madame Bovary
UN FILM DE
CLAUDE CHABROL
MK2
MARIN KARMITZ

Madame Bovary

Nach dem Roman von Gustave Flaubert

Produktion: Marin Karmitz (MK2 Productions S.A.)
CED Productions, FR3 Films Production,
unter Beteiligung von
Club des Investisseurs

*

Regie, Adaption, Dialoge: Claude Chabrol
Musik: Matthieu Chabrol
(Verlegt bei MK2 Productions S.A.)
Orchesterleitung: Michel Canot
Chefkameramann: Jean Rabier
Ausstattung: Michèle Abbe
Kostümentwürfe: Corinne Jorry
Schnitt: Monique Fardoulis
Toningenieure: Jean-Bernard Thomasson
Maurice Gilbert
Kamera-Assistent: Michel Thiriet
Produktionsleitung: Yvon Crenn
Aufnahmeleitung: Patrice Lhuillier
Script: Aurore Chabrol
Maske: Catherine Demesmaeker
Frisuren: Jean-Pierre Berroyer
1. Regieasssistent: Alain Wermus
2. Regieassistent: Cécile Maistre
Szenenfotos: Jacques Prayer
Kostümbildnerin: Cristine Guégan
Presse: Eva Simonet

DARSTELLER

Emma Bovary: Isabelle Huppert
Charles Bovary: Jean-François Balmer
Rodolphe Boulanger: Christophe Malavoy
Monsieur Homais: Jean Yanne
Léon Dupuis: Lucas Belvaux
Witwe Lefrançois: Christiane Minazzoli
Monsieur Lheureux: Jean-Louis Maury
Hippolyte: Florent Gibassier
Félicité: Sabeline Campo
Justin: Yves Verhoeven
Mutter Bovary: Marie Mergey
Lieuvain: François Maistre
Madame Homais: Dominique Clément
Maître Guillaumin: Etienne Draber
Pater Bournisien: Jacques Dynam
Hivert: Pierre-François Dumeniaud
Mutter Rolet: Christine Paolini
Vater Rouault: Jean-Claude Bouillaud
Vater Bovary: Jean-Jacques Lagarde
Maître Hareng: Henri Attal
Doktor Canivet: André Thorent
Der Blinde: Dominique Zardi

*

Dreharbeiten: vom 3. September bis zum 23. November 1990
in Lyons-la-Forêt, Versailles und Rouen.
Start in Frankreich: 3. April 1991
Start in Deutschland: 3. Oktober 1991

Bildnachweis

Bibliothèque Nationale: Seiten 20b; 39b; 76bd; 166b. Bulloz: Seiten 135h (Musée Carnavalet); 151; 163m (Musée Carnavalet); 169h. Jean-Loup Charmet: Seite 173 (Bibliothèque de l'Institut de France, Collection Lovenjoul); Seite 181 (Bibliothèque de l'Institut de France). Christophe L.: Seite 129h. Edimedia: Seite 105 (*Madame Bovary*: page des brouillons de Gustave Flaubert); 161. Ellebé: (Bibliothèque Municipale de Rouen): Seiten 20h; 166h. Giraudon: Seite 146. Bénédicte Hervieu: Seite 177 (avec l'aimable autorisation de la Bibliothèque Charcot. La Salpêtrière). Thomas Klausmann: Seiten 5; 10; 16; 39h; Musée Granet (Aix-en-Provence): Seite 35 (Photo Bernard Terlay). Jacques Prayer: Seiten 6; 7; 8; 9; 11; 12/13; 14/15; 18; 25; 47; 50; 59; 79; 84; 87; 93; 97; 102; 108; 115; 117; 120; 135; 139; 141. R.M.N.: Seite 155; 158; 169; 183 (Musée d'Orsay). Roger-Viollet: Seiten 76h et bg; 129b; 163h et b; 169m.

Erstellung des Bildnachweises Bénédicte Hervieu.